COMUNICAÇÃO ENERGÉTICA DA
# *Feminilidade*

Adriana Junqueira

COMUNICAÇÃO ENERGÉTICA DA

*Feminilidade*

Uma perspectiva prática da interação
das energias feminina e masculina

Prata

São Paulo, 2022

Copyright © Adriana Junqueira, 2021
*Revisão:* Flávia Cristina Araujo
*Projeto gráfico:* Julio Portellada
*Diagramação:* Estúdio Kenosis
*Tipologia:* Adobe Caslon Pro 12/16
*Papel do miolo:* Pólen Soft 80g/m$^2$
*Papel da capa:* Supremo 240g/m$^2$
*Número de páginas:* 156

```
Dados Internacionais de Catalogação na Publicação (CIP)
          (Câmara Brasileira do Livro, SP, Brasil)

Junqueira, Adriana
   Comunicação energética da feminilidade : uma
perspectiva prática do universo das energias feminina
e masculina / Adriana Junqueira. -- Belo Horizonte :
Ed. da Autora, 2021.

   ISBN 978-65-00-25507-2

   1. Comportamento (Psicologia) 2. Feminilidade
3. Feminilidade (Psicologia) 4. Mulheres - Psicologia
I. Título.

21-70328                                     CDD-155.333
```

Índices para catálogo sistemático:

1. Feminilidade : Psicologia    155.333

Cibele Maria Dias - Bibliotecária - CRB-8/9427

**Prata**

*Prata Editora e Distribuidora*
@prataeditora
www.prataeditora.com.br

Todos os direitos reservados à autora, de acordo com a legislação em vigor. Proibida a reprodução total ou parcial desta obra, por qualquer meio de reprodução ou cópia, falada, escrita ou eletrônica, inclusive transformação em apostila, textos comerciais, publicação em websites etc., sem a autorização expressa e por escrito do autor.
Os infratores estarão sujeitos às penalidades previstas na lei.

Impresso no Brasil/*Printed in Brasil*

# SUMÁRIO

Apresentação ........................................ 9
Introdução ......................................... 13
   Bandeira Branca na Guerra dos Sexos .............. 13
   Quando um Perde Ninguém Ganha ............. 20
   Feminismo Feminino ............................ 24
   Independência de Gênero ....................... 26
Consciência Energética ............................ 29
*Anima* e *Animus* ................................... 37
Navegando pelas Energias Interiores –
Arquétipos Femininos ............................. 41
   Atena – A Profissional .......................... 42
   Hera – A Esposa ............................... 43
   Deméter – A Mãe .............................. 44
   Afrodite – A Mulher ........................... 47
Sagrado Masculino ................................. 53
Reconciliação Energética Comportamental ............ 55
Portais da Feminilidade ............................ 65
   A Hora da Deusa ............................... 65
   Silêncio ........................................ 69
   Não Interferência .............................. 71

Sagrado Feminino .................................. 73
Abordagem Feminina de Gestão de Conflitos .......... 77
A Paz............................................... 91
A Arte de Comunicar Sentimentos e Intenções ......... 97
Consciência Comportamental ...................... 105
    Mantenha-se um Passo Atrás na Comunicação ...... 109
    Reconheça o Valor de Seguir..................... 110
    Saiba Quando Pedir Opinião e Quando Pedir
    Compreensão................................... 113
    Demonstre Concordância e Reserve Discordância .... 116
    Não Mine a Masculinidade Dele.................. 115
    Seja a Mulher Dele ............................. 118
    Deixe-o Resolver os Próprios Problemas............ 121
    Permita-se Receber e Receba com Gratidão ......... 123
    Dê um Pouco Menos do que Recebeu.............. 126
    Aprecie-o...................................... 131
    Preserve sua Individualidade ..................... 134
    Saiba Quando e Como Dizer Não................. 137
Maturação da Energia Sexual ...................... 139
Oração de Ancoragem da Feminilidade .............. 147
Portais da Feminilidade – Síntese ................... 149
Abordagem Feminina de Gestão de Conflitos –
Passo a Passo....................................... 151
Consciência Comportamental – Notas ................ 153

Dedico este livro a todos que vieram antes de mim, em especial as minhas avós Dulce e Nizia, a minha mãe Heloiza e a minha amiga Francisca Isabel.

# APRESENTAÇÃO

O que é feminilidade para você? Muitas vezes para responder a essa pergunta as pessoas recorrem a alguém que, na opinião delas, exala feminilidade. Todos podemos pensar em alguém que incorpora essa frequência, que é associada a palavras como: suavidade, delicadeza, receptividade, leveza, fluidez e acolhimento.

Uma pessoa que se identifica com a sua feminilidade não precisa aprender como ser feminina, ela simplesmente é. Contudo, alguns fatores podem distanciá-la da expressão do feminino. Em um relacionamento, por exemplo, algo da individualidade se perde. Conforme a relação se aprofunda, o mesmo parceiro que confirma a feminilidade da mulher, também a desafia. E o oposto é igualmente verdadeiro. Além disso, a interpretação de fatos que ocorreram ao longo da vida, principalmente na infância, pode gerar bloqueios que impedem a pessoa de expressar plenamente sua feminilidade, por dar a ideia equivocada de que esta tenha que ser oprimida, exibida ou anulada.

Esses acontecimentos podem ser considerados graves, como um abuso sexual, ou simplesmente equívocos de pessoas bem-intencionadas. Por exemplo, pais que demonstram orgulho e aprovação apenas diante das conquistas das filhas. Não há nada de errado em celebrar conquistas, mas é importante que eles deixem claro que as amam e as aprovam pelo que são, não só pelo que fazem. Caso contrário, estarão demonstrando que valorizam apenas uma parcela das potencialidades que elas têm para oferecer. Criar meninas que não sejam orientadas apenas para alcançar resultados não quer dizer criá-las como intocáveis bibelôs, superprotegendo-as, enaltecendo ou valorizando exageradamente seus atributos físicos. Isso também pode gerar ideias equivocadas em relação à expressão do feminino e costuma resultar em mulheres inseguras, que fazem excessivas demandas emocionais e parecem nunca amadurecer. Não é disso que estamos tratando aqui.

Diversos outros acontecimentos na história de uma pessoa podem dar a ela ideias equivocadas em relação ao feminino. Mas, independentemente do que possa ter acontecido, a sua feminilidade permanece intacta e completamente disponível. É isso que este livro pretende demonstrar, partindo do pressuposto que seja qual for a causa ou o trauma que motivou o bloqueio, o melhor caminho para superá-lo é a reconciliação.

Para se reconciliar, antes é necessário reconhecer. Como se reconciliar com algo que não é reconhecido? Mas as pessoas evitam olhar para seus bloqueios, porque equacionam isso com dor. E, mesmo quando olham, às vezes não estão preparadas para a reconciliação. Por esse motivo, há uma variedade imensa de terapias e práticas que podem ajudar as pessoas a alcançarem liberação. Isso é muito válido. Só é bom ficar atento para que terapias não se transformem em sessões de indulgência emocional, nas quais paciente e terapeuta passam anos tratando de um mesmo assunto, procurando culpados e nunca achando uma solução. Isso não ajuda. Mas terapias e práticas espirituais bem conduzidas, sim, são caminhos para que as pessoas reconheçam e se reconciliem com o que as bloqueia.

Muitas vezes, são esses bloqueios que impulsionam comportamentos reativos que geram obstáculos na vida da pessoa. Simplesmente reconhecer que você manifesta um comportamento desalinhado com a sua essência já é um passo para a liberação. Muitas pessoas ainda não estão prontas para esse reconhecimento e passam a vida culpando os outros por todos os seus problemas.

Se você reconhece que adota um comportamento que não lhe favorece, o próximo passo, que representa grande avanço, é se propor a alterá-lo. O exercício de observar e de conter esse comportamento, escolhendo agir de outra forma, é um caminho. A pessoa pode não estar pronta para reconhecer ou se reconciliar com o acontecimento que motivou o bloqueio, mas está pronta para reconhecer e alterar um comportamento lesivo que é efeito colateral desse bloqueio. Nesse caminho, ela pode vir a superar o bloqueio, como quem acha algo que tinha desistido de procurar. Essa abordagem tira o foco do problema e se compromete com a solução, podendo ser uma alternativa dinâmica para o alcance de liberações emocionais.

Este livro oferece princípios e sugestões comportamentais para pessoas que desejam expressar sua feminilidade de maneira plena. De toda forma, alterações comportamentais só são efetivas se aplicadas genuinamente e com predisposição para o perdão. Reconciliar-se com o nosso destino e honrar as figuras maternas e paternas que nos antecederam é crucial para experienciarmos a verdadeira plenitude.

# INTRODUÇÃO

## BANDEIRA BRANCA NA GUERRA DOS SEXOS

Mesmo tratando de comportamentos que estão associados à feminilidade, o objetivo deste livro não é a defesa da manutenção dos papéis tradicionalmente atribuídos aos gêneros, e sim a depuração do debate para que as escolhas individuais se deem de forma cada vez mais livres, comprovando os estereótipos ou não.

O Dr. Warren Farrell é um ávido estudioso do tema, autor de premiados *best-sellers* e representante eleito três vezes para o conselho do NOW – National Organization for Women[1]. Em seu detalhado trabalho, Dr. Farrell apresenta a perspectiva dos homens diante do tempo em que papéis estereotipados eram rigorosamente impostos às pessoas,

---

[1] National Organization for Women (Organização Nacional para Mulheres) é uma associação feminista estadunidense criada nos anos 1960, com o propósito de tomar medidas para garantir a participação integral das mulheres na sociedade em igualdade de condições com os homens.

demonstrando como isso também foi prejudicial a eles e analisando as consequências.

Ele sugere que abandonemos a narrativa de que vivíamos em uma sociedade com regras criadas para beneficiar homens em detrimento das mulheres, para adotarmos a compreensão de que vivíamos em um mundo dominado pela necessidade de sobrevivência. E, para sobreviver, ambos os sexos adotaram papéis restritos que não permitiam que eles explorassem todas as dimensões do seu ser.

Assim como as mulheres foram coagidas a não explorar seu lado profissional e racional, os homens foram coagidos a não explorar seu lado artístico e sentimental. Tais limitações baseadas em estereótipos de gênero trouxeram a nossa sociedade ao ponto em que se encontra hoje, à custa de sacrifícios feitos por ambos os sexos.

A perspectiva apresentada, repleta de dados científicos cuidadosamente analisados, é um convite para que, em vez de demonizarmos os homens e vitimizarmos as mulheres que fizeram o que foi necessário para que atingíssemos o patamar social privilegiado[2] no qual nos encontramos hoje,

---

[2] Esta observação foi adicionada para aqueles que pudessem vir a questionar o fato de que vivemos em um patamar de grande privilégio: jamais na história da civilização tantas pessoas tiveram acesso a energia elétrica, água potável, rede de esgoto, limpeza urbana, saúde, educação e alimentação, sem contar as facilidades e conveniências proporcionadas pelos avanços tecnológicos, a cada dia mais acessíveis. É claro que ainda existem muitas pessoas que não possuem o básico que deveria ser direito garantido a todos. O reconhecimento de que alcançamos um patamar privilegiado de soluções para lidar com a complexidade social, econômica, demográfica e estrutural que as interações humanas atingiram, não significa que o ponto onde estamos seja perfeito nem que não possa ser aprimorado.

## INTRODUÇÃO

deveríamos ser gratos e honrar essas pessoas, sejam homens ou mulheres. Só assim poderemos ir além de onde nossos ancestrais nos deixaram e permitir que os nossos descendentes façam o mesmo.

A análise elaborada pelo Dr. Farrell, que inclusive participou ativamente dos movimentos feministas dos anos 1960-1970, não ignora o fato de que houve homens que se utilizaram de posições de comando para exercer atitudes tirânicas, nem afirma que a situação esteja plenamente resolvida hoje, ela simplesmente amplia a perspectiva para demonstrar que a maioria dos homens estava se matando de trabalhar fora de casa, enquanto a maioria das mulheres fazia o mesmo dentro. Os avanços tecnológicos e sociais largamente conquistados no último século possibilitaram a liberação de homens e de mulheres de situações de vida que eram altamente duras se comparadas aos privilégios e confortos a que hoje temos acesso. Definir a classe masculina como opressora culpabiliza todos os homens em razão dos erros de alguns.

Com consideração e respeito pelos sacrifícios assumidos pelas mulheres, o Dr. Farrell expõe os sacrifícios assumidos pelos homens, com consequências que reverberam em estatísticas atuais que não costumam ser consideradas quando o assunto é igualdade de gênero. Por exemplo, o fato de que a maioria esmagadora das pessoas que perdem a vida em guerras, que estão presas, que assumem empregos perigosos, que morrem em acidentes de trabalho, que vivem nas ruas, que cometem suicídio e que recebem sentenças desfavoráveis em processos de guarda de menor, são homens. Uma análise honesta desses dados nos faz concluir que há algo que esse suposto "patriarcado opressor" não está observando.

A palavra patriarcado vem sendo utilizada tão levianamente que, pessoalmente, a evito. Até mesmo porque prefiro não associar a palavra pai a nada que é tido como negativo. Não é preciso mencionar que o mesmo vale para a palavra mãe.

Também não me parece apropriado chamar de patriarcado as barbáries que ocorrem em países como Irã, Iraque, Camboja e Iêmen, nos quais práticas como o casamento com crianças, estupros que asseguram o casamento com a vítima, assassinatos em defesa da honra e até ferimentos infligidos com ácido como forma de punição são abertamente executadas.

Para quem sente o chamado de se posicionar pela causa das mulheres, me parece mais pertinente tratar de temas dessa relevância do que discutir questões que são parte da dinâmica social de determinados contextos, como, por exemplo, interrupções[3]. No ambiente de trabalho, principalmente no contexto de uma reunião de negócios, elas provavelmente irão ocorrer, simplesmente porque fazem parte da dinâmica.

Seja homem ou mulher, há contextos em que, caso você queira falar, precisa conquistar o direito da palavra, seja da

---

[3] Referência às denominadas microagressões, popularizadas no Brasil por termos como *mansplaining* e *manterrupting*, que respectivamente significam quando um homem explica uma coisa óbvia a uma mulher e quando um homem interrompe uma mulher ao falar.

maneira masculina que é se fazendo ser ouvido, ou seja da maneira feminina que é permanecendo em silêncio até que a sua opinião seja solicitada.

De toda forma, grandes são as chances de que você seja interrompido, por vezes por um colega que vai enriquecer ainda mais o que você está falando. É claro que interrupções também podem ser inconvenientes ou tornarem-se abuso, mas querer transformar simples interrupções em uma forma de assédio só enfraquece a causa das agressões que de fato ocorrem.

Caso a palavra patriarcado seja utilizada simplesmente para se referir a uma sociedade na qual imperam os valores masculinos, nesse caso, sim, vivemos em um patriarcado. Não há dúvidas de que hoje os valores masculinos imperam no mundo, entre homens, mulheres e pessoas de todas as orientações. Essa é uma das razões deste livro, trazer os valores femininos para a mesa.

Que fique claro que não há aqui nenhuma pretensão de se afirmar que vivemos em uma situação ideal de equanimidade entre os gêneros. Assim como as mulheres ainda precisam lidar com resistência na atuação profissional, os homens precisam lidar com resistência na atuação doméstica. Muitas vezes, homens que priorizam a nobre e imensuravelmente importante tarefa de nutrir e cuidar da família são descredibilizados, desvalorizados e menosprezados por mulheres que se encontram no mesmo papel e até mesmo pela própria parceira.

Havendo diferenças predicadas em preconceito, é claro que elas devem ser vistas e tratadas, e isso independe se o preconceito for contra mulheres ou contra homens. Não há dúvida de que todos os sexos devem ter total igualdade de oportunidades em todos os campos de atuação. Isso não significa que eles farão as mesmas escolhas.

Um ponto fundamental do estudo desenvolvido pelo Dr. Farrell é a demonstração da absoluta importância da efetiva participação dos pais na criação dos filhos. Em seu último livro, *The Boy Crisis*[4], ele exemplifica com estatísticas detalhadas os inúmeros benefícios que as crianças têm com a participação equilibrada do pai e da mãe em suas criações, bem como o reverso disso. Por exemplo, crianças que não tiveram participação paterna apresentam menos chances de serem empáticas, assertivas e têm menor tolerância para receberem gratificações adiadas, o que está associado à disciplina e, consequentemente, ao sucesso. Além disso, elas têm maior probabilidade de apresentarem baixo desempenho escolar, depressão, vício em pornografia e videogames, além de comportamentos suicidas, homicidas e de irem para a prisão.

Segundo os estudos, crianças de ambos os sexos são prejudicadas pela ausência paterna, contudo as meninas em menor intensidade do que os meninos. Obviamente, nem todas as crianças se encaixam nas estatísticas, as pessoas podem superar os desafios da ausência de um progenitor, inclusive o livro indica como isso pode ser feito no caso do progenitor ausente ser o pai.

---

[4] Farell W. *The Boy Crisis: Why Our Boys Are Struggling and What We Can Do about It*, Benbella Books, 2019.

INTRODUÇÃO

O trabalho cuidadosamente desenvolvido pelo Dr. Farrell amplia a compreensão sobre a essencial contribuição do pai na formação dos filhos, conscientizando e incentivando os homens a assumirem inteiramente esse papel, e as mulheres, em especial as que não vivem com os pais de seus filhos, a encorajarem e a não gerarem obstáculos para que isso aconteça.

Um ponto fundamental da análise elaborada é que ela deixa claro a importância de que os homens não só assumam a sua parte na criação dos filhos, como o façam imprimindo os seus valores e não imitando ou se enquadrando nos valores que as mães trazem. Concluo que o mesmo vale para as mulheres que atuam no mercado de trabalho, é fundamental que elas contribuam não apenas com a sua presença, mas com os seus valores. É a mistura das influências que torna o resultado pleno.

O que muitas vezes as pessoas que defendem apenas os direitos das mulheres não enxergam, é que para cada fato em que as mulheres reconhecem que são oprimidas, existe um contraposto masculino, alguns já observados aqui, como por exemplo: mulheres foram limitadas às atividades domésticas, e homens, às profissionais; mulheres foram impedidas de desenvolver sua intelectualidade, e homens, a sua sentimentalidade; mulheres devem ser superprotegidas das mazelas do mundo, e homens devem colocar a vida em risco para combatê-las; mulheres precisam ser lindas e perfeitas, e homens precisam ser fortes e inabaláveis. É a terceira lei de Newton em atuação: para toda ação há sempre uma reação oposta de igual intensidade.

Está nas mãos da nossa geração o poder de interromper esse intercâmbio negativo, e isso começa com o reconhecimento de que tanto a contribuição do masculino quanto a do feminino são igualmente essenciais e valiosas. Para quem deseja ampliar seus horizontes neste tópico complexo e delicado, recomendo o trabalho do Dr. Warren Farrell e da filósofa, autora de diversos livros, Christina Hoff Sommers, cuja obra também influenciou este capítulo. Ambos apresentam o tema de maneira lúcida e despolitizada, levando em consideração diversas perspectivas antes de elaborarem conclusões.

### Quando um Perde Ninguém Ganha

Em uma conquista histórica recente, as mulheres ganharam o direito de assumir as atividades que tradicionalmente eram exclusivas dos homens, mas não dividiram proporcionalmente com eles as atividades que tradicionalmente eram exclusivas das mulheres. Vale ressaltar que uma divisão proporcional não é necessariamente uma conta fria de 50% de tudo para um e 50% de tudo para outro, a proporção dessa partilha pode encontrar formatos bem variados, e só quem pode dizer se ela é justa é o sentimento íntimo das pessoas envolvidas na troca.

O acúmulo de funções assumidas por muitas mulheres é responsável por uma crise sem precedentes na saúde da mulher, mas trata-se de uma crise velada que a maioria delas encobre com ainda mais atividades, remédios ou com um sorriso. A bioquímica nutricional Dra. Libby Weaver, autora consagrada, endereça esse assunto com muita perícia, clareza e compaixão. Ela criou o termo *Rushing Woman's Syndrome*[5], que é o título do seu livro *best-seller*, em tradução livre: "Síndrome da Mulher Apressada".

Ela faz uma comparação esclarecedora em relação à mulher de cerca de 200 mil anos atrás, tempo em que se estima que a nossa espécie esteja no planeta, passando pela mulher de cerca de 2 mil anos atrás, que é desde quando temos um calendário, pela mulher de um século atrás, que não tinha acesso sequer à metade da autonomia e da tecnologia agora disponíveis, chegando até a mulher de hoje.

Com essa perspectiva, fica óbvio o período irrisório em que enormes transformações ocorreram, considerando o tempo em que habitamos o planeta. A questão é que a estrutura biológica da pessoa de 200 mil anos atrás não é diferente da estrutura da pessoa de hoje. O nosso corpo ainda não foi avisado que as ameaças da selva já não são mais um problema.

Conscientemente podemos instruir o nosso corpo para fazer tudo o que acreditamos que ele precisa fazer, mas sobre o funcionamento inconsciente do corpo, que é o que coordena as funções vitais mais importantes, não temos domínio. Ninguém precisa pedir para o seu coração bater, sua ferida cicatrizar ou seu alimento ser digerido; o corpo é uma estrutura tão fantástica que faz tudo isso sem que precisemos sequer tomar consciência do milagre que significa simplesmente estar vivo.

---

[5] Weaver L. *Rushing Woman's Syndrome: The Impact of a Never-Ending To-Do List and How to Stay Healthy in Today's Busy World*, Hay House UK, 2017.

Hoje há estudos que comprovam a capacidade da pessoa interferir positivamente no sistema que rege as funções autônomas do seu corpo, através de práticas de respiração, meditação e exposição ao frio. O holandês Wim Hof é referência nos estudos que comprovam a efetividade de tais práticas[6]. Outra forma como podemos lidar positiva e conscientemente com o sistema autônomo do corpo é escolhendo comunicar a ele que está tudo bem, como sugere a Dra. Libby.

Quando comunicamos ao nosso cérebro que estamos em risco, ele não é capaz de distinguir se trata-se de um risco real, como, por exemplo, um predador que está prestes a nos atacar, ou se trata-se apenas da nossa percepção da situação em que estamos envolvidos, que, nos dias de hoje, pode ser algo como: estar preso no trânsito atrasado para um compromisso importante, ter demandas acumuladas que precisa cumprir até determinado prazo ou desejar atender às expectativas das pessoas que ama e sentir que não está conseguindo.

Ou seja, o nosso cérebro ativa os mesmos circuitos quando estamos diante de um leão prestes a nos atacar e quando estamos presos no trânsito nos torturando com ansiedade. A questão é que no primeiro caso há algo muito importante que precisamos imediatamente fazer, e no segundo caso não há muito o que possa ser feito. Mas o nosso corpo não sabe disso, ele apenas recebe o comunicado de perigo do cérebro e se prepara para fugir, lutar ou

---

[6] Veja em *O método Wim Hof: ative todo o seu potencial humano*, Editora Cultrix, 2021.

## INTRODUÇÃO

se esconder, isso tudo enquanto estamos sentados na segurança do nosso carro.

Para poder se salvar dessa suposta ameaça, o corpo usa a energia que estaria disponível para descanso, reparo e digestão e a redireciona para a fuga ou para a luta. Isso ativa os hormônios relacionados ao estresse e desativa os hormônios relacionados à regeneração e à manutenção do corpo, o que interfere negativamente em funções como, por exemplo, a queima de gordura e a capacidade reprodutiva, como uma defesa do corpo, que conclui: estou em perigo, vou reservar gordura porque posso vir a precisar, e não irei trazer uma criança para um ambiente hostil.

O corpo é preparado para lidar com estresse em doses pontuais, isso existe para garantir a nossa sobrevivência diante de um perigo real, mas o estado constante de estresse imposto pelos perigos imaginários que uma pessoa pode passar horas, dias ou até uma vida toda fabricando mentalmente é altamente prejudicial. Viver nesse estado pode ter se tornado comum, mas não é normal.

A Dra. Libby faz questão de ressaltar que o que causa estresse é a nossa percepção, ou seja, o significado que damos para uma situação que na maioria das vezes é segura. Essa consciência é animadora, visto que podemos mudar um significado que é atribuído por nós. Para isso, muitas atitudes podem ajudar, como por exemplo: respirações profundas e conscientes, redução de estimulantes como café e álcool, movimentos leves e equilibrados, bem como o desenvolvimento da porção feminina do ser, que é exatamente o que vamos tratar aqui.

O Dr. Warren Farrell, cuja obra introduziu este capítulo, como mencionado, fez parte do conselho do NOW. Ele conta que quando começaram a surgir os divórcios consequentes da revolução feminista, ele apresentou ideias para tratar da guarda compartilhada dos filhos frutos dessas relações, mas isso foi mal recebido pela maioria das mulheres envolvidas com o movimento, a ponto de ele ter sido retirado da organização. Ele ressalta que algumas mulheres compreenderam o posicionamento dele, por entenderem que seria muito difícil para elas alcançarem igualdade profissional, caso também não tivessem igualdade parental e doméstica. Ao que parece, hoje isso está bem claro.

A revolução das mulheres jamais estará completa se também não for a revolução dos homens.

FEMINISMO FEMININO

Dependendo da ótica pela qual é observado, o posicionamento sugerido neste livro pode ser interpretado como um retrocesso das conquistas feministas, mas trata-se de um regresso aos valores femininos. É vital que façamos isso. Uma sociedade sem os valores femininos cresce passando por cima de tudo e em nome de nada, abastecida por uma infinidade de coisas e acelerada rumo ao abismo.

Nas palavras das vestais[7], pouco antes da queda do Império Romano: "Pobres de nós, que dominamos o mundo e perdemos a nós mesmos".

---

[7] Na Roma Antiga, as vestais eram sacerdotisas guardiãs do fogo sagrado da deusa Vesta (que corresponde à Héstia na mitologia grega).

INTRODUÇÃO

Falando de maneira geral, as últimas gerações de feministas radicais parecem lutar arduamente para manter as mulheres na posição de vítima, culpando os homens por todos os problemas que identificam e ignorando ou descartando simplificadamente outros fatores, bem como a contribuição das mulheres para tanto. Por outro lado, ao mesmo tempo em que demonizam os valores masculinos que sustentam a sociedade como é atualmente configurada, desqualificam os valores femininos, alimentando um senso de revanchismo que parece pretender colocar as mulheres na posição de dominância que foi dos homens, apenas trocando o titular do problema.

Como ensina a Professora Lúcia Helena Galvão em sua palestra sobre o ideal feminino[8]:

> Não vamos tentar inverter a guerra dos sexos, eles nos dominavam, agora vamos dominá-los. Na verdade, quando ignoramos os nossos valores, já fomos dominados.

Por outro lado, argumentações na linha apresentada aqui por vezes são interpretadas como uma vertente do feminismo. Não é como eu gostaria que este livro fosse considerado. A direção que almejamos é a da soberania do ser, livre para determinar os rumos dos seus pensamentos e ações e capaz de se responsabilizar por eles, elevando a sua consciência acima do que qualquer doutrina, ideologia ou tribo planejem determinar para ele.

---

[8] Grandes Mulheres na Mitologia e na História. Disponível em https://youtu.be/iZCS0Ksx-vc. Acesso em: novembro/2021.

Ao tratar-se de feminilidade, não há pretensão de se negar a opressão que é parte da história feminina, nem de afirmar que vivemos uma situação ideal. O que se pretende é despertar e nutrir a feminilidade em pessoas que sentem que gostariam de expressá-la mais plenamente. Não há dúvida da importância que o movimento feminista teve e sempre terá na história da emancipação feminina. Toda pessoa deve honrar e agradecer àqueles que contribuíram para chegarmos onde estamos – o mundo já não é mais o mesmo. Nós, mulheres, encontramos a nossa voz. Agora, pode ser uma boa hora para reencontrarmos o nosso silêncio.

## INDEPENDÊNCIA DE GÊNERO

Como será abordado, em relação à manifestação energética, a inclinação da pessoa não está, necessariamente, condicionada ao seu sexo ou a sua orientação sexual. Por exemplo, um homem hétero pode priorizar a energia feminina e uma mulher homossexual, também.

Embora não haja regra, na maioria das dinâmicas energéticas de relações heterossexuais, o que se observa é que mulheres preferem priorizar a energia feminina e homens a masculina.

Neste livro, em regra, é utilizada a palavra *mulher*, o artigo "a" e o adjetivo *feminino* para se referir a pessoas que priorizam a energia feminina, e a palavra *homem*, o artigo "o" e o adjetivo *masculino* para se referir a pessoas que priorizam a energia masculina, independentemente do seu sexo ou da sua orientação sexual. É apenas o formato do livro. Sendo assim, caso não se identifique com a palavra, identifique-se com a energia que ela está expressando.

De toda forma, não é plenamente possível compreender o que está sendo tratado neste livro através de palavras, é preciso ser capaz de ir além delas. O intuito não é diminuir o valor das palavras, que são valiosíssimas se utilizadas com sabedoria – o que não se deixa afetar por limitações da forma, o intuito é se conectar com o sentido que está por trás das palavras, para o qual elas apenas apontam.

# CONSCIÊNCIA ENERGÉTICA

> "Enquanto não atravessarmos a dor da nossa própria solidão, continuaremos a nos buscar em outras metades. Para viver a dois, antes, é necessário ser um."
>
> *Fernando Pessoa*

Falar de energia é um desafio, pois palavras não são suficientes para explicar algo que está por trás delas. Chamamos de realidade aquilo que experimentamos através dos sentidos, projetado pela mente. Essa é a nossa realidade material. Há outra expressão da realidade – a energética. A cada dia, mais pessoas reconhecem e habitam conscientemente a dimensão energética da vida. Não se ensina a alguém a reconhecer a dimensão energética, assim como não se ensina a alguém a ver ou a ouvir, a pessoa já nasce sabendo. Contudo, podemos estar tão presos nos diálogos da mente que deixamos a dimensão energética passar despercebida. Quanto menor for o barulho da atividade mental de uma pessoa em determinado momento, maior será a sua consciência energética.

Assim como o balanço hormonal, o balanço energético é fundamental para o equilíbrio da pessoa. Tanto os elementos femininos quanto os masculinos são vitais para a constituição de um indivíduo. Homens e mulheres carregam não só os hormônios, como também características elementares do sexo oposto. Toda pessoa tem em si as duas energias e as maneja internamente de forma consciente ou inconsciente.

O ideal é que todos cultivem e saibam expressar bem tanto a energia masculina quanto a feminina. Problemas potencialmente graves surgem quando há excesso em qualquer uma das direções. Uma pessoa com o masculino em excesso é destrutiva, e uma pessoa com o feminino em excesso enfrenta dificuldades em ser funcional no mundo.

Vale ressaltar que cada pessoa é tão peculiar e única que as definições de feminino e masculino às vezes se tornam simplistas para expressar toda a complexidade que habita o ser. Contudo, a simplicidade dessa definição é muito útil para estabelecer parâmetros que orientam o entendimento íntimo da pessoa, bem como o relacionamento entre criaturas tão complexas como nós.

Valorizar e equilibrar internamente ambas as energias é crucial para a plenitude do ser. Quanto mais ampla a consciência energética de uma pessoa, maior será a sua habilidade de equilibrar suas energias internas e de expressá-las conscientemente.

Além do balanço interno das energias, há também o balanço relacional. Toda relação envolve uma troca energética na qual um é o masculino e o outro é o feminino ou ambos são neutros.

Nas interações cotidianas, esse balanço ocorre naturalmente e o ideal é que cada casal encontre um equilíbrio que funcione, baseado nas suas circunstâncias e características individuais. Porém, no que tange à atração sexual, via de regra, cada pessoa tem uma preferência. Há quem se identifique com o feminino que se rende, há quem se identifique com o masculino que o toma. E isso não está relacionado a gênero. Por exemplo: um homem homossexual pode escolher priorizar sua energia masculina e se relacionar com um parceiro que prioriza a energia feminina; ou uma mulher heterossexual pode escolher priorizar sua energia masculina e se relacionar com um parceiro que prioriza a energia feminina. A questão é: qual energia você prefere manifestar dentro do seu relacionamento?

Saber a energia que você prioriza sexualmente e se relacionar com um parceiro que prioriza a energia contrária é sinal de consciência energética, porque é a polaridade energética que desperta a atração. É como diz o ditado: os opostos se atraem. São as diferenças em um casal que despertam a atração sexual entre eles, mas são as semelhanças que os permitem ficar juntos a longo prazo. Está aí um paradoxo desafiador do qual voltaremos a falar.

Energias iguais se anulam gerando relacionamentos neutros. Casais neutros podem ser efetivos em relações profissionais, mas em relações românticas a melhor forma que costumam terminar é como amigos. Uma mulher em seu masculino anula o masculino do homem, assim como o homem em seu feminino anula o feminino da mulher.

Casais que não têm relação energética clara, ou se anulam e perdem a atração por falta de polaridade energética, ou ficam em uma competitiva e conflituosa alternância entre a posição do masculino e do feminino e tendem a condicionar o desejo sexual à reconciliação após uma briga, o que não costuma ser um modelo saudável nem duradouro de relacionamento. Isso não quer dizer que não possa haver alternância energética harmônica entre o casal, para isso ela só precisa ser conscientemente negociada, como veremos melhor a seguir.

Quando me refiro à definição energética clara, estou falando, principalmente, da relação sexual. Nas relações cotidianas, cada casal naturalmente descobre a melhor dinâmica que funciona entre eles, levando em consideração as características de cada um e as suas circunstâncias.

Por exemplo, uma mulher que seja habilidosa em fazer dinheiro (o que demanda energia masculina) em um relacionamento com um homem que seja habilidoso em nutrir e acolher a família (o que demanda energia feminina), nesse caso, ela pode ser a principal provedora financeira e ele o principal provedor de acolhimento e carinho. E, é claro, um não está impedido de contribuir com a esfera do outro, isso ocorre organicamente de acordo com as necessidades, vontades e habilidades do casal. Mas, se nesse mesmo casal, ela sexualmente priorizar o feminino e ele o masculino, caso ela leve para a cama a energia masculina empregada para fazer dinheiro, e ele leve a energia feminina empregada para prover acolhimento, é improvável que eles tenham uma relação sexual satisfatória.

Atualmente, as definições de papéis estão cada vez menos claras. Homens e mulheres têm mais liberdade para escolher os papéis que melhor lhes servem sem serem limitados por gênero. Isso é ótimo, porque aumenta a possibilidade de agirmos de acordo com o que a nossa essência impele e não com o que alguma convenção obriga. Contudo, a liberdade de atuação nas esferas masculinas e femininas não necessariamente implica a mesma flexibilidade nas interações sexuais, pelo menos não sem a consequência da perda da polaridade que desperta e mantém a atração.

Outro ponto que eu gostaria de levantar é a possibilidade de nós, mulheres, estarmos sendo compelidas a assumir papéis que demandam emprego de energia masculina, assim como fomos compelidas a assumir papéis que demandam energia feminina. Não estou fazendo aqui qualquer tipo de juízo de valor, mesmo porque é o equilíbrio das energias que proporciona plenitude e, independentemente do estereótipo que carrega a atividade exercida, o ideal é que nela a pessoa imprima os seus valores. Contudo, é inegável que as consequências do uso da energia masculina são mais facilmente verificadas.

Por exemplo, para conquistar prosperidade material é necessário energia masculina e como isso é altamente valorizado socialmente, podemos estar suprimindo a expressão do feminino em prol de conquistas materiais e não porque de fato seja isso o que a nossa essência impele. É claro que toda pessoa tem o direito de se bancar no mundo, eu me refiro a quando isso extrapola e gera a possibilidade de a sede por poder e por conquistas abafar inclinações mais profundas.

Um fato relevante nesse sentido, amplamente amparado pela literatura científica, é o de que as diferenças de temperamento e de interesses entre os gêneros aumentam à medida que políticas de igualdade social predominam. Isso quer dizer que quanto mais igualitária é a sociedade, maiores são as diferenças entre os gêneros, algumas das quais motivam a escolha da ocupação profissional. Ou seja, nos lugares onde as pessoas são mais livres para escolher, as diferenças entre homens e mulheres são acentuadas e não reduzidas como se poderia imaginar. Isso indica que a igualdade de oportunidades não necessariamente implica em igualdade de escolhas. Essa conclusão foi classificada pelo *London Times* como uma das mais amplamente documentadas na história da literatura científica[9].

Vale ressaltar que mesmo que a energia masculina seja vital para o sucesso financeiro, isso não significa que uma pessoa não possa fazer dinheiro priorizando a energia feminina. No imprescindível livro *The Surrender Experiment*[10], Michael A. Singer conta como construiu um império bilionário de forma completamente passiva.

A questão é que não importa se a mulher encontra realização assumindo carreiras e papéis tidos como tradicionalmente femininos, como na área da educação ou psicologia e a priorização da capacidade de cuidar e nutrir a família, ou se ela encontra realização assumindo carreiras e papéis tidos como tradicionalmente masculinos, como na área de engenharia ou matemática e a prioriza-

---

[9] Ver em https://t.co/2U6Y7EDKLM?amp=1
[10] Singer, M. A. *The Surrender Experiment: my Journey Into Life's Perfection*, Editora Harmony, 2015.

ção da capacidade de prover a família, ou se ela consegue encontrar um balanço entre os dois. Ou ainda, se decida dedicar-se exclusivamente à família ou à profissão. O que importa é que ela tenha liberdade para fazer essa escolha sabendo que uma não é melhor nem pior do que a outra. De toda forma, cada escolha representa uma renúncia, e esse aspecto não será pesado se a escolha vier do coração e não de uma suposta obrigação.

A verdadeira liberdade está em agirmos de acordo com o que a nossa essência guia, e não com o que alguma ordem econômica, social ou intelectual dita. Esta é apenas uma provocação para estarmos atentas a não suprimir o feminino que pode querer ser manifestado em prol de um masculino que supostamente precisa ser e, assim, apenas trocarmos as amarras que cerceiam a nossa verdadeira liberdade.

Saber lidar com as suas influências energéticas de forma a levar uma vida mais leve e prazerosa é habilidade valiosa para todos. Encontrar equilíbrio energético torna a pessoa mais preparada para lidar com a vida com leveza, independentemente das suas circunstâncias. Estando em um relacionamento, como dito, o balanço energético ideal é encontrado na prática, levando-se em consideração as peculiaridades das pessoas e das circunstâncias envolvidas.

Se o que é sugerido não fizer sentido para você, e na sua relação as negociações se dão com leveza e há química sexual, isso quer dizer que o acordo energético que você tem com o seu parceiro permite maior flexibilidade e vocês souberam determinar os parâmetros. É essa a questão – encontrar equilíbrio e entendimento dentro das individualidades envolvidas. Mas, caso as negociações sejam conflituosas e o desejo sexual esteja prejudicado, as sugestões compartilhadas podem ajudar.

É relevante ressaltar que a feminilidade não é algo que você tenha de ser bom, ou precise tentar, nem ao menos fazer. Trata-se, simplesmente, de um reconhecimento daquilo que você já é. Carece apenas da sua permissão para aflorar. Obviamente, a feminilidade se manifesta de formas diferentes em cada pessoa que a expressa. A sua maneira de ser feminina é unicamente sua e se você está em um relacionamento com um homem que prioriza o masculino, provavelmente foi essa maneira que o atraiu. Portanto, tentar forçar uma personagem, executar um *script* ou copiar alguém que a sua mente acredita ser "feminina" não aproxima você dessa dimensão, a afasta. Mesmo que inspirar-se em pessoas nas quais você reconheça essa frequência possa ajudar, a plenitude encontra-se na descoberta da sua forma única e singular de ser feminina.

# ANIMA E ANIMUS

Carl G. Jung, notório psiquiatra e psicoterapeuta suíço, fundador da psicologia analítica, chamou de *Anima* os componentes femininos na personalidade do homem, e de *Animus* os componentes masculinos na personalidade da mulher. Jung demonstra como todo homem tem uma mulher dentro dele e como toda mulher tem um homem dentro dela, bem como esses aspectos influenciam diretamente em nossos relacionamentos, podendo exercer influência positiva ou negativa. *Anima* e *Animus* são dois arquétipos primários da teoria junguiana, trata-se de um conceito complexo e elaborado abordado aqui de forma superficial, contudo suficiente para o esclarecimento necessário diante da discussão proposta.

No livro *Os Parceiros Invisíveis*, John A. Sanford[11] detalha com clareza as peculiaridades desse conteúdo do

---

[11] Sanford, J. A. *Os Parceiros Invisíveis: o masculino e o feminino dentro de cada um de nós*, Paulus Editora, 1997.

nosso inconsciente, demonstrando como, em regra, homens identificados com sua masculinidade projetam seu lado feminino em mulheres, e mulheres identificadas com sua feminilidade projetam seu lado masculino em homens. Ele explica que, quando nos encantamos ou sentimos repulsa por alguém, estamos, de fato, projetando um conteúdo interno da nossa psique. Nós nos apaixonamos e sentimos repulsa por nós mesmos, por algo que carregamos, mas não reconhecemos, e quando não reconhecemos algum conteúdo interno, necessariamente, o projetamos. Dessa forma, quando alguém carrega uma projeção, sua realidade humana fica obscurecida, podendo impedir a pessoa que projeta a imagem de enxergar a verdade sobre a pessoa objeto da projeção. Isso tende a causar os mais variados distúrbios na relação. A projeção positiva não se sustenta em longo prazo e facilmente pode ser substituída pela projeção negativa, em qualquer um dos casos, a pessoa não está se relacionando com a outra, mas sim com as profundezas de sua própria psique.

Isso não quer dizer que a projeção seja em si algo negativo. Como explica Sanford, jamais iremos conhecer tão bem os nossos conteúdos internos a ponto de cessar as projeções, e elas são úteis para despertar a atração entre um casal. A questão é o que ocorre depois. O relacionamento pode se tornar um espaço seguro para o desenvolvimento da consciência e de uma parceria sólida e madura, ou uma ponte para a próxima projeção que, mais cedo ou mais tarde, inevitavelmente, também será desapontada pela realidade.

Sabendo que as nossas paixões e as nossas repulsas nos dizem mais sobre nós mesmos do que sobre o outro, podemos trabalhar com nossos conteúdos internos para sermos capazes de nos relacionarmos com o humano no outro, e não com o deus ou com o monstro no nosso inconsciente.

A forma esclarecedora como Jung analisa os conteúdos internos da nossa psique nos ajuda a compreender melhor o seu funcionamento inconsciente, ou seja, aproxima o consciente do inconsciente, o que pode nos trazer informações valiosas.

Vale ressaltar que o objetivo aqui não é reduzir o amor a uma mera projeção inconsciente, mas sim compreender melhor os seus aspectos psíquicos para sermos capazes de nos aprofundar em seus aspectos físicos e espirituais.

No livro *Illuminata*[12], Marianne Williamson[13] faz uma importante distinção entre romance e amor, sendo o amor o que surge quando o romance é obscurecido pelas sombras existentes na personalidade de toda pessoa. O amor é a capacidade de ver a luz no outro, além das trevas que possam querer ofuscá-la.

---

[12] Williamson M. *Illuminata: pensamentos, preces, ritos de passagem*, Ed. Rocco, 1999.

[13] A qualificação completa de Marianne Williamson está no capítulo "Portais da Feminilidade" no início do tópico "Hora da Deusa".

# NAVEGANDO PELAS ENERGIAS INTERIORES – ARQUÉTIPOS FEMININOS

O fato de ser um desafio nomear ou mesmo simbolizar energia não impede a humanidade de tentar. Na busca por expressar o inexpressável, a mitologia é uma alternativa que carrega pura sabedoria. O aspecto mitológico deste livro foi baseado no trabalho da psiquiatra e analista junguiana Dra. Jean Shinoda Bolen, em especial o livro *As Deusas e a Mulher*.

Deuses representam aspectos energéticos latentes em cada ser humano. Potenciais que foram dados pela natureza e que podem ou não serem despertados. Esses poderosos padrões internos ou arquétipos são vórtices da psique humana responsáveis pelas diferenças entre indivíduos. Cada pessoa incorpora os arquétipos que deseja incorporar, não há nada neles que em si conflite com o outro, mas todos têm seu lado luz e seu lado sombra.

O lado sombra de qualquer um deles é lesivo aos demais, gerando desequilíbrio no balanço interno da pessoa.

Com todo respeito à complexidade mitológica, para nos orientarmos aqui, vamos utilizar quatro deusas da mitologia grega que representam aspectos energéticos do feminino considerados neste livro. São elas: Atena, a profissional; Hera, a esposa; Deméter, a mãe; e Afrodite, a mulher. Como mencionado, cada deusa carrega traços positivos e outros potencialmente negativos, o que chamamos respectivamente de lado luz e de lado sombra.

Reconhecer os arquétipos latentes ou manifestados ajuda você a encontrar equilíbrio entre os potenciais que escolhe manifestar. Com essa consciência, você pode descobrir que a algumas das deusas você quer dar mais permissão para que vivam através de você, enquanto outras requerem maior vigilância, para que elas não assumam o controle sobre você.

## ATENA – A PROFISSIONAL

### Lado Luz

Deusa da sabedoria. Representa a mulher lógica e autônoma que é guiada mais pela razão do que pelo coração. Frequentemente retratada usando armadura, é conhecida como a melhor estrategista na batalha. É capaz de direcionar o pensamento lógico para a realização de uma meta sem perder o foco. Afetos emocionais não a desviam daquilo que considera importante. Ela valoriza sua carreira e o sucesso profissional. Simboliza as qualidades de independência, autossuficiência e competência da mulher.

*Lado Sombra*

Em seu lado sombra, Atena está presa na cabeça, portanto, não pode reconhecer a guia do coração. Desligada do seu corpo, não é capaz de desfrutar da sua sexualidade ou de expressar sensualidade. Sua racionalidade excessiva a impede de perceber aspectos emocionais e a torna extremamente dura e cega às necessidades alheias. A armadura e autossuficiência que em seu lado luz a protegem do sofrimento e de rompantes emocionais, aqui a tornam insensível, incapaz de ter empatia e até mesmo cruel.

## HERA – A ESPOSA

*Lado Luz*

Deusa do casamento. Sua identidade e seu bem-estar estão associados à existência de um relacionamento marido – esposa. O que a motiva é o relacionamento e o compromisso. É leal, fiel, acessível e disponível, capaz de trazer aconchego ao lar. A sua atenção é voltada para os outros, por isso é receptiva, atenta e sensível às necessidades e humores alheios. Consegue perceber quando seu marido está descontente ou irritado, mesmo que ele se esforce para esconder. O arquétipo de Hera é uma força poderosa tanto para a alegria quanto para o sofrimento de uma mulher.

## Lado Sombra

A mulher com forte arquétipo de Hera sente-se incompleta sem um marido. Não apenas o companheiro lhe importa, como a formalidade do casamento em si. Considera todos os seus papéis secundários em relação à sua principal função que é ser esposa. Vale ressaltar que esses aspectos têm seu lado luz em um casamento feliz. Por outro lado, a sua fidelidade e a habilidade para manter compromissos podem torná-la incapaz de abandonar um relacionamento destrutivo. Para ela, a mulher não é nada sem um marido; abandona amigas que se divorciaram ou se tornaram viúvas e sofre amargamente caso se encontre nessas posições. Como é emocionalmente dependente do marido, se descontrola em caso de traição e direciona sua ira e ciúmes à outra mulher e a eventuais filhos, frutos da relação extraconjugal. Utiliza a vingança contra eles para amenizar seu sentimento de rejeição, podendo usar até mesmo os próprios filhos para indiretamente ferir o marido infiel.

## DEMÉTER – A MÃE

## Lado Luz

Deusa do cereal. Arquétipo materno. Representa o instinto maternal e o ímpeto da mulher em prover substância física, psicológica e espiritual a alguém. Generosa e zelosa, encontra satisfação em se doar e prover subsistência. Sua identidade e seu bem-estar estão associados à existência de um relacionamento mãe – filho(a). Embora sinta extrema necessidade de ser mãe biológica, o arquétipo não está restrito a esse papel e pode ser expressado em atividades que envolvam ajudar, cuidar ou educar alguém. Como uma deusa motivada por relacionamento, é sensível, atenta e receptiva aos outros. Habilidosa para reconhecer nuances emocionais, detecta facilmente alterações de humor. Sintonizada com o seu ambiente e com os outros, assim como Hera, Deméter é uma deusa de consciência difusa, diferente de Atena, que tem consciência focada. Enquanto Atena não perde o foco da atividade em que está envolvida, Deméter é capaz de perceber o choro da criança no quarto mesmo com um turbilhão de sons e estímulos acontecendo na sala.

## Lado Sombra

Sufoca e superprotege os filhos, negando aprovação quando eles demonstram independência. Experimenta o aumento da autonomia dos filhos como rejeição. Assim como pode ser uma excelente mãe, pode também ser uma mãe nociva, intromissiva e dominadora. De qualquer uma dessas formas, sempre se vê agindo pelos melhores interesses dos filhos. Sente-se culpada por qualquer desafio que a criança tenha que enfrentar no qual ela não possa interceder e "salvá-la", espera ser capaz de poupar o filho da dor e do sofrimento inerentes à vida, como consequência, ele pode se tornar dependente da mãe mesmo na idade adulta, situação que ela aprecia.

Se dominante, esse arquétipo deixa a mulher altamente suscetível à depressão quando os filhos saem de casa, ou cessa o papel materno exercido para outros, ou caso não possa ter filhos. Sem o papel de mãe sua vida não tem significado. Pode ser atraída por homens imaturos que procuram uma figura maternal e tiram proveito dela, como também pode estar em um relacionamento por pena. Não sabe dizer não e leva isso a ponto de se esgotar. Espera o mesmo dos outros e se ressente caso não receba. Mas não expressa seus sentimentos abertamente (nem para ela mesma), adotando atitudes passivo-agressivas em caso de estar esgotada ou ressentida. Tem mais dificuldade em admitir seus comportamentos nocivos do que em mudá-los.

## HERA E DEMÉTER – DEUSAS ORIENTADAS PARA RELACIONAMENTO

### Lado Sombra

Em alguns pontos, as sombras das deusas cuja força motriz é um vínculo emocional se confundem. Por terem um relacionamento como meta de vida, são bem mais suscetíveis a desapontamentos e vitimização. A sua consciência difusa, que as permite serem altamente receptivas, pode levá-las a se distraírem facilmente, colocando as necessidades dos outros sempre acima das suas. A sua vulnerabilidade, que até um determinado ponto é qualidade para o arquétipo que representam, se desmedida é prejudicial. Em situações nas quais se tornam indefesas, mostram sintomas psiquiátricos.

Sofrem amargamente caso uma dessas relações seja rompida ou desonrada. Hera com ira e ciúmes e Deméter com depressão. Em seu lado sombra, Hera se anula dentro do casamento e Deméter na maternidade, ambas deixando de exercer outros potenciais latentes e aniquilando sua sensualidade e sexualidade.

## AFRODITE – A MULHER

*Lado Luz*

Deusa do amor e da beleza. Rege o prazer da sexualidade e da sensualidade. Impele a mulher a gerar vida nova, seja através da procriação ou da expressão criativa. Valoriza a intensidade emocional, diferente de Atena, que valoriza a independência emocional, e de Hera e Deméter, que valorizam os vínculos emocionais.

Conhecida como deusa alquímica, Afrodite simboliza o poder transformativo do amor e a receptividade às mudanças. Ela tem alto poder magnético e atrai os outros intimamente e sedutoramente. O foco no presente e nas experiências sensoriais e sensuais a despertam e dela fluem atração, união e criação.

Ao contrário de Atena e de Hera, que só se interessam pelos deuses mais proeminentes e poderosos, Afrodite consegue enxergar o potencial de um homem mesmo se ele não estiver representado como um poderoso e heroico deus olímpico. Essa é uma grande qualidade de Afrodite, que ao enxergar e admirar os potenciais de um homem, mesmo não estando claramente manifestados, além de envolvê-lo e encantá-lo, ela contribui para que ele também se veja assim e assuma o poder que tem latente. O relacionamento adquire qualidades tanto eróticas quanto de parceria e de companheirismo. Os homens apreciam e se beneficiam em se ver pelo olhar profundo, confiante e desejoso de Afrodite.

*Lado Sombra*

Por ser orientada no aqui e agora, Afrodite pode ignorar consequências futuras e agir impulsivamente gastando mais do que pode, descumprindo acordos que firmou e ferindo pessoas com as quais se comprometeu.

Em um relacionamento, ela procura por intensidade em vez de profundidade ou permanência, o que é um aspecto relevante para a manifestação do arquétipo, mas tem potencial nocivo. Ao mesmo tempo que é capaz de focar sua atenção em um homem e envolvê-lo, seduzindo-o e enxergando nele potenciais que talvez nem ele próprio reconheça, Afrodite consegue analisá-lo friamente determinando como ele pode ou não ser útil para preencher os interesses exclusivos dela, não necessariamente se importando com os efeitos que essa interação pode causar no homem objeto de seu desejo.

A não ser que tenha a presença de outras deusas, uma mulher influenciada prioritariamente por Afrodite dificilmente será fiel a qualquer vínculo. Seja a união entre ela e um homem ou entre um homem e outra mulher, ela não levará isso em consideração ao lançar seu alto poder sedutor. Pela sua facilidade em gerar atração e seduzir, se agir motivada apenas pelo seu desejo e ignorar as consequências pode ter inúmeros relacionamentos vazios e superficiais, ser usada por homens que só se interessam por sexo e ter a sua noção de valor rebaixada.

Afrodite pode se sentir atraída por homens instáveis, imaturos, com pouca ou nenhuma ambição profissional e que não almejam nem se dedicam ao papel de marido e de pai, pode também se sentir atraída pelo perfil do "pseudomachão filhinho da mamãe", que tem pouca tolerância para frustração, impaciência e incapacidade de agir sob pressão, homens que sequer passariam perto do radar de Atena ou de Hera, salvo se Hera estivesse cega pela sua necessidade de um casamento.

Se dominada por Afrodite, a mulher também não dá grande relevância aos filhos que esse arquétipo a impele a gerar. Altamente envolvida na concepção de filhos, não tem interesse na criação deles, o que ela facilmente terceiriza ou ignora. Mesmo sendo atrativa e contagiante na presença dos filhos, com a mesma intensidade os deixa de lado e volta sua atenção para qualquer outro estímulo que a atraia no momento, podendo causar sentimentos de abandono, inadequabilidade e afetar negativamente os relacionamentos futuros das crianças que traz ao mundo.

Ao invés de uma união longa e duradoura, Afrodite costuma ter uma série de sucessivos e intensos relacionamentos. Apaixona-se com facilidade e acredita ter encontrado o grande amor, mas com a mesma facilidade o abandona para seguir sua próxima paixão, podendo deixar uma sequência de homens feridos e revoltados para trás. A experiência pode ensiná-la a aceitar as imperfeições humanas e permanecer em um relacionamento o suficiente para descobrir a verdadeira dimensão do amor.

✦

Se sabiamente utilizado, o conhecimento arquétipo é uma informação de altíssimo valor. Ao escolher qual arquétipo manifestar dentre os que tem latentes, a pessoa pode simplesmente ouvir aquele que fala mais alto ou expressar o resultado das influências dominantes do seu ciclo familiar, social e econômico, ou ela pode apurar consciente, íntima e harmonicamente, no interior de sua psique, qual arquétipo deve ter a palavra final em determinada decisão ou momento da vida.

Caso se entregue à sua influência arquetípica sem reflexão apropriada, a mulher pode tomar caminhos que estão em desacordo com os seus interesses mais íntimos. Por outro lado, o caminho consciente pode contrariar o que é ditado pela família, sociedade ou cultura da mulher. Não obstante, será significativo e autêntico para ela.

Nesse ponto vale redobrar a atenção. É comum ver mulheres apoderadas por uma deusa confiantemente afirmando que estão sendo seu eu autêntico. Não é tarefa simples encontrar harmonia entre as influências arquetípicas, isso demanda autoconsciência e autodeterminação aguçadas que costumam vir com a experiência e depois de uma boa dose de sofrimento, o que, na melhor das hipóteses, traz a humildade necessária para a sincera reflexão.

Caso esteja com dificuldades para identificar se está expressando sua legítima autenticidade ou se está apoderada por uma deusa, analise pelos resultados de suas ações. Se, não importa quão sonhados ou grandiosos, eles não lhe trouxerem a realização ou a paz que você buscava, há chances de você estar apoderada por uma deusa, enganada, achando que está agindo através do seu eu autêntico. A manifestação de sintomas psicossomáticos e de alterações de humor também podem ser formas que as deusas silenciadas encontram para se expressar.

Apenas se propor a essa reflexão já é um passo importante para o encontro de equilíbrio e harmonia entre suas influências psíquicas. Quanto mais consciência tiver de suas determinações arquetípicas, melhor a mulher consegue transitar pelas facetas de sua personalidade para incorporar a deusa que ela quer convidar, escolhendo aquela que melhor lhe serve em cada situação.

Mesmo transitando por aspectos dessas quatro deusas, o arquétipo que buscamos ativar com as reflexões propostas neste livro é Afrodite em seu lado luz. Isso porque o pano de fundo do nosso trabalho é a relação romântica entre homem e mulher. Dê a devida atenção à sombra dessa deusa e trate de evitá-la caso não se interesse pelas consequências. Como dito, isso requer autoconsciência, autodeterminação e acontece naturalmente quando há equilíbrio harmônico com a expressão das demais deusas.

Este material fornece princípios e sugestões comportamentais para que pessoas que priorizam a energia feminina nas relações possam reconhecer e resgatar a feminilidade, a sensualidade e a sexualidade que sentem que possuem, mas não estão expressando como gostariam. É um convite à Afrodite para o despertar e a expressão da sua luz.

# SAGRADO MASCULINO

Usar atributos femininos para seduzir levianamente, conquistar ganho material ou qualquer tipo de vantagem indevida está em desacordo com tudo o que está sendo apresentado aqui. Quando uma mulher executa uma ação visando alcançar um resultado, está partindo da sua energia masculina, mesmo se transvestida de feminina. O que buscamos é alimentar a energia feminina em sua sacralidade, exercitando essa frequência e lançando mão dela no relacionamento com o masculino.

Falar de feminino é falar de masculino, um precisa do outro para ser. Nesse sentido, é bom esclarecer que este não é um livro de confronto aos homens nem de técnicas de manipulação mental. Este é um livro de amor aos homens e de respeito pela forma como eles se comunicam. Respeitar a forma como os homens se comunicam é respeitar a forma como as mulheres se comunicam. Uma é complementar à outra. Ao dar respeito você também se dá ao respeito.

# RECONCILIAÇÃO ENERGÉTICA COMPORTAMENTAL

> " Ninguém é igual a ninguém.
> Todo ser humano é um estranho ímpar."
> *Carlos Drummond de Andrade*[14]

A parcela comportamental deste conteúdo é embasada na obra da Dra. Pat Allen, autora, especialista em comportamento humano e PhD em psicologia, e na de John Gray, psicoterapeuta, autor de diversos livros incluindo o best-seller *As mulheres são de Marte e os homens são de Vênus*[15]. Ambos especialistas em relacionamentos, com décadas de experiência e com perspectivas ricas e complementares sobre o tema.

Neste ponto, é bom esclarecer que de forma alguma se pretende ditar o que deve ou não ser feito, nem proibir ou incentivar qualquer tipo de expressão. Como já foi dito, o equilíbrio energético ideal entre um casal é encontrado na prática, levando em consideração as preferências, habi-

---

[14] Trecho do poema Igual-Desigual, em *Nova Reunião: 19 Livros de Poesia*, 2ª ed., Rio de Janeiro: José Olympio, 1985.
[15] Gray, J. *Homens são de Marte, Mulheres são de Vênus: Um guia prático para melhorar a comunicação e conseguir o que você quer nos seus relacionamentos*, Ed. Bicicleta Amarela, 2015.

lidades e necessidades de cada um deles. Contudo, muitas vezes, nas relações cotidianas com o parceiro, mulheres femininas podem estar empregando energia masculina, não porque seja isso o que sua inclinação interior as impele a fazer naquele momento, mas talvez por acreditarem que é como as coisas serão mais facilmente resolvidas ou por estarem apenas seguindo o embalo do ritmo que trazem do trabalho e das atribuições da casa.

As sugestões comportamentais propostas são um convite para que a mulher perceba a energia que envolve o ato e, com consciência, escolha a que realmente faz sentido para ela emanar naquele momento. Como uma pessoa deve agir só ela pode decidir diante do contexto específico que cada situação apresenta. A consciência da energia que ela incorpora lhe permite tomar decisões mais acertadas e, consequentemente, formar melhores relacionamentos.

O estudo da Dra. Pat Allen parte do seguinte princípio: o masculino quer ter seus pensamentos respeitados e o feminino quer ter seus sentimentos valorizados. E uma coisa não exclui a outra. A mulher sente-se respeitada quando tem seus sentimentos valorizados, e o homem sente-se valorizado quando tem seus pensamentos respeitados. O equilíbrio dessa mistura gera um casal estável, harmonioso e com química sexual.

O masculino compartilha o que pensa e o feminino compartilha o que sente. Ele comunica o que quer. Ela comunica o que não quer, esclarecendo, se necessário, aquilo que a agrada ou a desagrada, e ele resolve a questão levando os sentimentos dela em consideração. O feminino tem total capacidade de resolver, mas prefere que o masculino o faça. Assim como o masculino pode deixar que o feminino resolva, mas prefere fazer. Cada um dança na posição em que fica mais confortável, honrando a posição do outro. Para ver como isso funciona na prática, vamos utilizar uma situação cotidiana como exemplo. Mas antes, é importante esclarecer que a base de interação que prioriza os sentimentos do feminino e os pensamentos do masculino é um ótimo esquema para definir parâmetros para a comunicação do casal preservando a polaridade energética; contudo, assim como qualquer esquema de atuação, ele não deve ser cristalizado. Tanto homens quanto mulheres devem experimentar e exercer a inteireza do seu ser, o que envolve pensar e sentir. Quanto mais livre e plenamente cada um deles exerce essas faculdades, melhor pode expressá-las, conciliá-las e compreendê-las.

A abordagem sugerida refere-se a um parâmetro para a dinâmica da comunicação e não à cristalização ou supressão de alguma das faculdades do ser, o que seria prejudicial e em última análise impediria a comunhão plena do casal, que, quando acontece, lhes permite pensar e sentir juntos, fortalecendo, edificando e amadurecendo a união.

Com essa crucial ressalva observada, vamos aos exemplos práticos:

CASAL NEUTRO

*Ele ao telefone:* Anima jantar hoje?

*Ela:* Pode ser.

*Ele:* Que horas?

*Ela:* Não sei, trabalho até umas sete hoje.

*Ele:* Eu também.

*Ela:* Vamos por volta das oito?

*Ele:* Acho que dá sim.

*Ela:* Aviso quando estiver pronta.

*Ele no carro:* E aí, onde vamos?

*Ela:* Não sei, tem aquele japonês novo que abriu.

*Ele:* Hum, não estou a fim de japonês hoje. Tem aquele italiano aqui perto.

*Ela:* Não gosto muito da comida de lá.

*Ele:* Ah, se você quer o japonês então vamos.

*Ela:* Mas você não está a fim...

*Ele:* E o indiano?

*Ela sem muito entusiasmo:* É..., pode ser...

Isso segue até que em algum ponto eles conseguem chegar a um acordo.

## CASAL COM ENERGIA POLARIZADA

*Ele ao telefone:* Pego você hoje às oito para jantarmos, ok?

*Ela, gostando da ideia:* Ok!

*Ele no carro a caminho do restaurante:* Fiz reserva naquele japonês novo, sei que você adora sushi.

*Ela se sente valorizada, mas não está muito a fim de japonês naquele dia:* Ah, fico feliz que você tenha escolhido um lugar que eu gosto, mas não estou muito no clima de japonês hoje... prefiro um italiano. O que você acha?

*Ele:* Também gosto de italiano, só que eu convidei aquele casal de amigos e eles já estão lá, mudar agora não seria ideal. Vamos no italiano semana que vem, ok?

*Ela investiga internamente e sente que gosta da solução:* Ok!

Como você pode ver, não há nada de errado com nenhum dos dois exemplos. As interações retratadas tratam-se apenas de um modelo simplista que indica o direcionamento para o qual apontamos. Na vida, tudo é relativo de acordo com cada pessoa e situação.

Por exemplo, em um casal com definição energética clara pode ter ficado convencionado que em regra ela escolhe o restaurante, porque isso é algo que ela ama fazer. Também não há nada de errado que ele, que nesse caso costuma decidir as programações, um dia passe para ela essa função ou ela, em alguma ocasião, resolva assumi-la. Não há nada enfaixado, tudo depende das peculiaridades de cada caso e das pessoas envolvidas.

Um mesmo casal pode um dia estar polarizado e outro dia neutro. A questão é se eles se permitem fluir entre as posições sem perder polaridade. A cada dia se vê mais casais fluidos, que conseguem transitar entre as posições energéticas com mais flexibilidade. Isso é ótimo. Quanto mais liberdade as pessoas têm para agir, maior é a chance de elas expressarem a sua essência.

Não se trata de criar uma personagem para tentar agradar o outro, mas sim de ter consciência da sua posição e da posição da pessoa que você se relaciona na troca energética que é toda relação. A graduação com que cada um do casal exerce a sua parcela energética, e como isso se desenvolve, é visto na prática de acordo com as características das pessoas envolvidas na interação.

Uma mulher é naturalmente mais feminina quando acompanhada de um homem com o masculino mais acentuado. Quanto mais masculino é o homem, mais feminina se torna a mulher e, é claro, a recíproca é verdadeira. Isso ocorre independentemente das pessoas terem ou não a consciência de que é isso que está acontecendo. A compreensão dessa dinâmica facilita as negociações, amplia e preserva a química.

A questão não está em poder ou não poder fazer algo, está em saber que quando você assume a energia oposta, a está anulando em seu parceiro. Sabendo disso, você pode escolher conscientemente quando quer assumir a outra posição e quando quer deixar que ele a assuma. O feminino quer ver o masculino alimentado, assim como o masculino quer alimentar o feminino, um não toma a posição do outro em vão porque se interessa que ela seja preservada.

Assim como a mulher feminina sente prazer em respeitar os pensamentos do homem masculino, ele também sente prazer em zelar pelos sentimentos dela. Portanto, um homem que não demonstre apreço pelos seus sentimentos e não tenha interesse em promover o seu bem-estar, das duas uma: ou ele não está nem aí para você e só quer se aproveitar como pode, ou vocês estão em um relacionamento neutro, nesse caso pode parecer que ele não se importa com seus sentimentos ou com o seu bem-estar, mas ele está apenas cuidando do dele, enquanto espera que você cuide do seu.

É importante deixar claro que há uma enorme diferença entre um homem masculino e um "machão". O homem "machão" não quer respeito, quer obediência. Um homem masculino jamais usa sua força para intimidar e ferir, ele a usa para prover, construir e proteger. Diante de um homem que esteja canalizando sua energia masculina como "machão", o melhor que uma mulher pode fazer é sair.

Para quem diz que dentro de uma relação romântica quer ter tanto seus pensamentos respeitados quanto seus sentimentos valorizados, pode buscar se relacionar com quem faz a mesma escolha; mas há risco de a relação se tornar competitiva e conflituosa por falta de clareza na comunicação e de haver perda do interesse sexual por falta de polaridade energética. É bom refletir também se não há uma dosagem de ego nessa vontade de querer tudo. O ego é incapaz de ceder ou de olhar pela perspectiva do outro, características que são essenciais para um relacionamento bem-sucedido em qualquer área.

 Segundo a Dra. Pat Allen, pessoas que em um relacionamento querem ter seus pensamentos respeitados e seus sentimentos valorizados são narcisistas e é improvável que tenham, ou mesmo que queiram ter um relacionamento equilibrado. Isso não quer dizer que não possa haver troca nessa dinâmica. Como visto, de acordo com as vontades, necessidades e habilidades do casal, haverá momentos em que a mulher vai querer compartilhar seus pensamentos e espera que eles sejam respeitados, e o homem vai querer compartilhar seus sentimentos e espera que eles sejam valorizados. O que é importante observar nesses casos, é que quando um assume a posição do outro, o outro deve assumir a posição contrária. Caso ambos ocupem o mesmo papel, a relação pode ser prejudicada.

 A sugestão da Dra. Pat Allen é que a troca de papéis não seja feita abruptamente. Segundo ela, o ideal é que quando desejar assumir a posição contrária, a pessoa de alguma forma comunique e peça licença à outra. Trocas de posição sem uma comunicação apropriada costumam ser um fator que afeta negativamente a harmonia da relação. Dois masculinos tendem a entrar em conflito, competição e disputa, e dois femininos não chegam a lugar algum, o que gera frustração. Em ambos os casos o desejo sexual é diretamente afetado. Caso as trocas entre a posição do masculino e a do feminino se derem de forma leviana, oportunista ou em jogos de disputa por poder, isso também trará danos à relação.

E as posições podem mudar com o tempo. Segundo a Dra. Pat Allen, com as mudanças hormonais da idade, tanto homens quanto mulheres tendem a alterar as suas preferências energéticas. O que vale é saber determinar, negociar e cumprir o acordo com o seu parceiro, nesse caso, um acordo energético. É a polaridade que determina a atração e facilita a operação da vida juntos.

Negociar com leveza os acordos necessários ao longo de uma jornada com uma pessoa que você respeita, valoriza e tem química sexual. Essa é a ideia. Se o combinado é percorrer uma jornada juntos, melhor que haja paz e amor no caminho.

Quanto mais íntimo e alinhado o casal, mais harmoniosamente ele dança a música dessa comunicação. Casais bem-sucedidos parecem intuitivamente seguir essa dinâmica para preservar o espaço e a integridade do outro. Ela sabe até que ponto pode ir para não desrespeitar os pensamentos dele, e ele sabe até onde pode ir para não desvalorizar os sentimentos dela, assim como a recíproca é verdadeira. Arrisco dizer que todo casal sabe esse ponto, os bem-sucedidos só costumam não o ultrapassar.

> "O que havia em nossa convivência era graça, cumplicidade, amor e respeito."
>
> Zélia Gattai[16]

---

[16] Em referência aos 56 anos de união com o marido, o escritor Jorge Amado; entrevista concedida à *Folha de S.Paulo*, novembro de 2007.

# PORTAIS DA FEMINILIDADE

> " Quando o feminino é mais poderoso, é quando ele não tem que fazer nada. Apenas por estar presente, a energia feminina transforma a atmosfera, toca o coração e revive a alma."
>
> *Deepak Chopra*

Enquanto o masculino é a ação, o feminino é a entrega à uma ordem que transcende a ação. Mesmo sendo ambos aspectos fundamentais, o feminino pode estar sendo menosprezado em culturas que valorizam a ação acima de tudo. Como consequência, além de uma sociedade na qual o estresse é condição normal, estamos carentes de um valioso aspecto da nossa existência. Por isso, nem sempre é simples acessar essa frequência. Os Portais da Feminilidade são caminhos acessíveis para nos conectarmos ao feminino que está sempre disponível para nós.

## A HORA DA DEUSA

Como toda mulher sabe, não é fácil chegar do trabalho, lidar com as atribuições da casa, resolver problemas, tomar atitudes e ser demandada a todo momento, e, de repente, estar disponível, aberta e entregue para uma relação prazerosa com o parceiro.

Sentir-se atraente, ter vontade de seduzir e de ser seduzida para ser capaz de entregar-se de corpo e alma à relação demanda que a mulher esteja imbuída nessa frequência. E, em regra, isso não acontece de uma hora para outra.

Cientificamente, não há um consenso se essa diferença na forma como homens e mulheres evoluem na escala do desejo sexual se dá em virtude de razões biológicas, culturais ou um pouco de ambas. Mas, dentro da perspectiva sugerida aqui, o que interessa é que a mulher saiba e respeite como isso funciona para ela.

Hora da Deusa[17] é como Marianne Williamson refere-se a esse tempo descrito pela Dra. Pat Allen; segundo ela, a mulher precisa de pelo menos meia hora para fazer essa transição energética que a permite operar influenciada por uma frequência que favorece a intimidade.

Marianne Williamson é autora consagrada de inúmeros livros, líder espiritual, ativista humanitária e uma das grandes influências para a existência deste livro. Considero sua obra brilhante, com destaque para a capacidade de acessibilizar os ensinamentos espirituais de *Um Curso em Milagres*[18] sem perder profundidade.

Em análise elaborada sobre feminilidade baseada em diversas obras, com destaque para o trabalho da Dra. Pat Allen, Marianne Williamson conclui que, ressaltando que

---

[17] Tradução livre de *Goddess Time*, termo utilizado por Marianne Williamson no curso "The Aphrodite Training".
[18] *Um Curso em Milagres* – UCEM é um sistema de autoestudo em psicoterapia espiritual. Não é uma religião, é um treinamento mental baseado em temas espirituais universais.

todos temos ambas as energias e as utilizamos alternadamente nas relações de acordo com as nossas preferências, inclinações e habilidades, dentro da relação romântica entre masculino e feminino, vale considerar que:

Em seu aspecto luz, Afrodite reconhece a profunda e sagrada natureza do laço sexual. Quanto mais a mulher reconhece essa natureza sagrada, mais ela traz isso no homem que, intimamente, busca por virtude.

Não querer intimidade sexual ou querê-la de maneira desesperada são faces da mesma moeda. A Afrodite em seu aspecto sagrado deseja intimidade sexual, mas apenas quando vem de um lugar de completude, e não de falta.

O masculino dá, o feminino recebe. O masculino tem a necessidade psíquica de prover. Para ele essa capacidade é sinônimo de competência, o que o feminino reconhece, aprecia e retribui. O feminino dá em retribuição, usualmente, não no mesmo formato que recebeu.

O feminino respeita os pensamentos do masculino e descansa na receptividade de ouvir e de se permitir ser guiado. No caminho, o feminino compartilha seus sentimentos, os quais o masculino considera e valoriza na tomada de decisão. A decisão é mais acertada porque honra ambas as perspectivas. Havendo divergência, o feminino aceita a decisão do masculino ou sai.

Na união, o feminino cria o espaço no qual o masculino pode descansar. O que o masculino busca no feminino é que em sua presença ele possa se recolher e repousar. Nas palavras de Marianne Williamson: "O masculino vem a nós para descanso".

No sagrado da feminilidade, a mulher sabe que o papel de propiciar um lar acolhedor no qual ela, o masculino e a família encontram acolhimento e descanso é absolutamente nobre e necessário. No sagrado da masculinidade, o homem honra o papel do feminino e reconhece a sua importância para a potencialização dos resultados dele no mundo.

O feminino não pode criar esse espaço de descanso e de reparação sem estar ancorado em um poder que está além dele. Para ser capaz de se conectar profundamente com essa força, a mulher precisa estar internamente em paz.

Sendo assim, principalmente para quem tem filhos, é crucial que o casal chegue a um acordo que permita à mulher esse tempo após a jornada do dia, ou ela mesma faça esse arranjo. Nesse tempo, ela pode tomar um longo banho, acender velas e incensos, ouvir músicas relaxantes, alongar o corpo, se massagear com um creme perfumado e se produzir mesmo que seja só para dormir sentindo-se bela. Resumindo, se cuidar e se priorizar. E isso independe se ela for dormir acompanhada ou não. Ela não faz isso para atrair o amor, mas porque se ama.

E quando ela se volta para a casa, para a família ou para o homem que a espera, ela já não é mais a mesma mulher que se encarregou da rotina do dia. Os problemas já não são mais tão urgentes, ela fala com os filhos com um tom de voz mais baixo, já os preparando para a cama, portando-se mais como a mulher do pai do que como a mãe que esteve presente cuidando da rotina, das obrigações e brincadeiras do dia. Em relação ao parceiro, nessa frequência, a mulher está bem mais disposta a deixar que ele guie e resolva o que quer que surja para ser resolvido, isso alimenta a frequência oposta nele, o que é excelente para o casal.

A ideia é que a mulher reserve sua cama para Afrodite, esta é a deusa que se deita. Trabalho, problemas, contas, filhos e obrigações ficam fora da cama, abrindo espaço para a mulher poder se expressar. Isso não necessariamente quer dizer que tenha que haver sexo propriamente dito, quer dizer apenas que a mulher se dá o direito de descansar na frequência que a permite ser conquistada.

> "Sexo não é sobre os seus órgãos genitais, é sobre criar um contexto que permite o seu cérebro interpretar toda sensação como sexy."
> Emily Nagoski, autora do best-seller Come As You Are[19].

Quanto mais você se familiarizar com essa energia, mais facilmente ela virá a você. De qualquer forma, a mulher precisa desse tempo para mudar sua frequência energética. Caso ela não se permita esse ritual, mais cristalizada ficará em apenas uma parcela das potencialidades que tem para compartilhar com o mundo, privando-se daquela que talvez mais leveza lhe traria.

## SILÊNCIO

O silêncio é atributo altamente feminino e um portal facilmente acessível para nos conectarmos com a nossa feminilidade. Não se trata apenas do silêncio da voz, mas sim do silêncio da alma, que pode existir até mesmo quando

---

[19] Nagoski, E. *Come As You Are*, Scribe Publications, 2015.

falamos. Por outro lado, uma pessoa pode estar calada e com um barulho ensurdecedor na mente. O silêncio que tratamos aqui não vem de fora, ele pode ser encontrado nos lugares mais barulhentos, possui alto poder magnético e é prazeroso em si.

Palavras podem ser supervalorizadas. Não temos ideia do poder do silêncio. Às vezes nos esforçamos para dizer algo que consideramos elaborado, inteligente ou sagaz, sem ideia de que o silêncio poderia ser tão efetivo quanto, ou até mais.

Caso sinta o desejo de adentrar esse portal para as profundezas da sua feminilidade, pequenas atitudes podem ajudar. Uma delas é não falar por falar. Só fale quando sentir que existe algo verdadeiramente significativo para dizer. Esse exercício parece simples, mas ele desafia o ego que sempre considera tudo o que fala de altíssima relevância. Saber a diferença entre querer falar e, de fato, ter algo a dizer demanda autoconsciência aguçada e habilidade de ignorar o ego, capacidades que são transcendentais e que a prática do silêncio nos ajuda a alcançar.

Outro pequeno exercício é falar somente quando alguém falar com você. Ao iniciar essa prática, ela pode ser bem desafiadora, ainda mais se você estiver em uma roda de amigos e todos estiverem dando uma opinião. O ego adora dar opiniões e considera as dele fundamentais. Caso você consiga conter seu ego e se manter em silêncio até que alguém fale com você, verá que suas conversas serão mais significativas e as pessoas estarão mais abertas e interessadas no que você tem a dizer.

Vale ressaltar que não falamos apenas com palavras. Manter-se calada, mas fazendo expressões de julgamento em relação ao que está sendo dito é uma forma de falar, que não cumpre o que está sendo proposto aqui. Como também não cumpre substituir a fala verbal por um incessante diálogo interno. Uma ótima alternativa é exercitar a capacidade de realmente ouvir, dispensando julgamentos e com abertura para aprender ou compreender algo novo. Há chances de você se surpreender com o quanto as pessoas podem lhe ensinar caso esteja realmente receptiva a elas.

O exercício sincero da prática do silêncio nos permite descobrir que muito do que falamos é dispensável, e algumas vezes só complica o que já iria acontecer por si mesmo. Ao pararmos de atirar palavras ao vento, além de nos poupar energia, evitar problemas e nos conectar a uma dimensão mais profunda de nós mesmos, podemos vir a descobrir caminhos que não veríamos se estivéssemos absortos em nossos pensamentos e palavras.

## NÃO INTERFERÊNCIA

Essa prática é para ser especialmente exercitada na presença do masculino pelo qual você sente atração ou gostaria de voltar a sentir. Ela demonstra entrega, confiança e respeito às potencialidades dele. Basicamente, o que o feminino tem que fazer na presença do masculino é: relaxar, responder, entregar o controle e seguir.

Quando estiver disposta a tentar, faça disso um mantra e se comprometa a não interferir. Apenas relaxe, responda, entregue o controle e siga. Caso ele não assuma ou tente lhe passar o controle, não morda a isca. Relaxe e deixe que a ação parta dele, apenas responda e siga. Se conseguir não interferir por tempo suficiente, pode vir a se surpreender com a capacidade do masculino que vai se expressar através dele e com o quanto ele vai se sentir satisfeito e útil nessa posição.

Para mulheres que têm tendência crítica, é bom ficarem atentas para apreciar o que ele faz ao invés de apontar defeitos. Essa prática representa mais um grande desafio ao ego, que é incapaz de relaxar, entregar o controle e confiar que o outro também possa fazer bem, mesmo que faça diferente.

Como podemos ver, o exercício da feminilidade é um grande desafio para o ego, o que levanta a pergunta: quantas vezes, ao defender os direitos das mulheres, estamos de fato levantando a bandeira da igualdade, e quantas vezes estamos levantando a bandeira do ego? Acredito que chegamos a um ponto em que essa reflexão não é apenas válida, mas necessária. O objetivo não é desvalorizar as vezes em que a bandeira da igualdade de fato precisa ser alçada, mas sim o de apurar o debate para que a busca por justiça não se transforme em busca por vingança e passemos de oprimidas a opressoras, descartando a abordagem e a sabedoria feminina para lidar com a desigualdade que ainda teima em existir.

> "A educação é um ato de amor, por isso, um ato de coragem. Não pode temer o debate. A análise da realidade. Não pode fugir à discussão criadora, sob pena de ser uma farsa."
> *Paulo Freire*

# SAGRADO FEMININO

Este material originou-se de atendimentos individuais com mulheres que buscavam exatamente o que o livro oferece – despertar ou se aprofundar na feminilidade. A mulher que tem despertado o desejo de ser mais feminina por vezes identificou problemas em sua vida que ela compreendeu que poderiam ser evitados através de uma abordagem mais feminina ou que foram causados pela falta dela. Dentro da perspectiva sugerida, o caminho para a solução de todos os problemas é o mesmo: **voltar-se para dentro, enraizar-se no silêncio, entregar o controle e se permitir ser guiada**, o que chamamos aqui de passar pelos Portais da Feminilidade.

A maioria das mulheres que passaram pelo atendimento demonstrou alguma resistência, relutância ou, em alguns casos, até mesmo a crença de que seria impossível alcançar um estado de centramento que lhes permita mergulhar no silêncio e abdicar do controle que se esforçam para exercer sobre todos os aspectos de suas vidas.

Aos olhos do mundo, abdicar do controle parece mesmo algo muito arriscado. Dessa perspectiva, temos a impressão de que se largarmos o controle tudo irá desmoronar. Por isso nos esforçamos tanto para tentar garantir que tudo esteja sob nosso controle. A questão é que a ideia de controle é uma ilusão. Largar o controle é abrir mão de algo que nunca tivemos. Quando escutamos a voz do silêncio, isso fica claro. Tudo já está sob controle. Assim como, sem necessidade de controle, a semente se transforma em flor, o embrião em bebê, a noite em dia e a Terra gira majestosa ao redor do Sol, há também uma ordem que rege as nossas vidas. O ego se apavora com esse reconhecimento. Para ele, se largarmos o controle, as mais variadas tragédias podem acontecer. Mas, na verdade, o que sentimos é um profundo alívio e a consciência de que algo além de nós zela pela existência de tudo que há.

Depressão, estresse, ansiedade, medo, vícios, muitas vezes são sintomas da exaustiva tentativa de fazer com que tudo aconteça por esforço próprio. É claro que dedicação não deixa de ser necessário para cumprirmos com as nossas responsabilidades e caminharmos em direção aos lugares onde o coração chama, mas a força que nos move é leve, bem diferente do peso do esforço que sentimos quando acreditamos que precisamos carregar o mundo nas costas.

É vital que restauremos a capacidade de nos entregar ao fluxo de algo que é maior do que nós. Essa atitude nos coloca a serviço da vida, em uma postura de "O que eu posso dar ao mundo?", ao invés da busca incessante do ego por "O que eu posso tirar do mundo?". Muitas vezes, esse entendimento vem com a experiência de que nada do que conseguirmos conquistar externamente irá nos preencher por muito tempo, caso não estejamos internamente preenchidos. Aí vem a pergunta: "Mas como estar internamente pleno para ser capaz de se encontrar no silêncio, abdicar do controle e escutar a parte de nós que sabe o caminho?". A resposta é fé.

O comprometimento com um caminho espiritual que faça sentido para a pessoa é essencial para essa entrega. A simbologia da cruz representa essa verdade, a interseção da dimensão horizontal da vida (seu aspecto material) com a dimensão vertical (seu aspecto transcendental). Estar no mundo com a consciência que está além dele.

Uma mulher no sagrado da sua feminilidade é um presente divino para um homem, assim como um homem no sagrado da sua masculinidade é um presente divino para uma mulher. Mas esse presente não vem com a cláusula de "felizes para sempre" como, por vezes, nos fazemos acreditar. Na verdade, são nos momentos de dificuldade que ele mais demonstra o seu valor. E, uma vez contemplada com esse presente divino, a pessoa se torna responsável por preservá-lo e aprimorá-lo, sob pena de perdê-lo ou de convertê-lo em um fardo. Essa pena não é imposta pelo divino que deu o presente, trata-se apenas de uma consequência das nossas próprias ações ou da falta delas.

Se você acredita que ainda não foi contemplado, assim como acontece com toda dádiva divina, não precisa ir atrás, implorar ou forçar para que ela aconteça. Quando você estiver pronto, irá recebê-la. Caso tente forçar algo que não flui com naturalidade, há chances de que receba uma lição no lugar do presente que tem reservado para você. Em todo caso, lhe será válido. Lições aprendidas são ajustes de rota para o caminho que o divino tem programado para nós.

De toda forma, estando ou não em um relacionamento, na dimensão material da vida nós nunca estaremos completos. Dentro das limitações dessa realidade sempre falta alguma coisa. Sem essa consciência, a pessoa vive na ânsia de que alguém ou algo algum dia será capaz de suprir o vazio que sente, só para se decepcionar algum tempo após cada tentativa.

A conexão com a força da vida que vem do enraizamento em nossas origens, sejam elas quais forem, e o contato com a ordem divina que vem da fé em uma força suprema, seja ela qual for, são as âncoras capazes de nos manter estáveis e serenos diante das limitações e desafios da dimensão material da vida.

O exercício da feminilidade é o formato utilizado no livro para o exercício da fé. É pertinente que seja assim. A porção feminina da existência é o portal que traz para o mundo o que até hoje não conseguimos explicar exatamente de onde vem. Que a nossa capacidade de realização no mundo não interfira em nossa capacidade de conexão com o divino. Isso é o melhor que podemos tirar de tudo o que é dito aqui.

# ABORDAGEM FEMININA DE GESTÃO DE CONFLITOS

Enquanto eu estava escrevendo este livro, fui ao aniversário de uma amiga, que contou da sua satisfação no relacionamento com o parceiro. Eles recentemente tinham decidido morar juntos e tudo estava correndo maravilhosamente bem. Humildemente ela apontou, nas palavras dela: "É claro que de vez em quando a gente tem um 'estresse', né!?". E continuou dizendo que estava muito satisfeita consigo mesma, por ter sido capaz de olhar para trás e reconhecer os erros que cometeu no passado e agora poder, diante de um conflito, ter a consciência de que por muitas vezes ela tinha certeza de que estava certa ou que deveria ter dito "isso" ou "aquilo" a alguém, quando na verdade estava errada e preferiria ter ficado calada.

Com a maturidade desse reconhecimento e aceitando os equívocos do passado, ela afirmou ter chegado à conclusão de que o silêncio é sempre a melhor opção. Refletimos nisso enquanto elogiávamos quem tem a virtude de ser capaz de escolher o silêncio em caso de abalo emocional. Concluímos que a análise informal da estatística das nossas experiências pessoais nos mostrava que nos casos em que experienciamos estresse diante de um conflito, 99% das vezes seria melhor termos escolhido o silêncio e 1% realmente precisávamos ter dito ou feito algo diante da situação.

Eu adorei ouvir, pela perspectiva madura e esclarecida da minha amiga, os gratificantes benefícios do silêncio, que já era o ponto central dos Portais da Feminilidade, como descritos aqui. Influenciada pelo livro, sugeri que em vez de chamar essas situações de "estresse", ela as chamasse de resolução de conflitos. "É claro que de vez em quando a gente tem que resolver uns conflitos, né!?". O ajuste de temas que têm potencial para conflito faz parte de qualquer relacionamento. Isso simplesmente porque um relacionamento necessariamente envolve duas pessoas. A situação só vira "estresse" quando um dos dois ou ambos perdem o equilíbrio.

Ela concordou, dizendo que é muito grata pelo parceiro que raramente perde o equilíbrio nesses casos. Ao mencionar isso, ela recordou que algo que ele não gostou foi quando ela levianamente ameaçou abandonar o relacionamento. Eu o admirei por isso. É admirável ver uma pessoa que reconhece que a partir do momento que um casal assume uma relação, ela deve ser honrada, preservada e aprimorada. Ameaçá-la de forma leviana, precipitada ou manipuladora mostra desleixo com o acordo com o qual o casal se comprometeu, para dizer o mínimo. Relação demanda dedicação, e isso não é novidade para ninguém. Viver demanda dedicação, e isso também não é grande novidade. Ao longo da jornada da vida muitas decisões deverão ser tomadas, problemas precisarão ser resolvidos e providências concretizadas. Coisas para comprar, manter e aprender. Experiências para sonhar, planejar e viver. Pessoas para amar, conviver e se despedir. Haverá momentos maravilhosos e outros desafiadores, todos fazem parte dessa jornada que, no final, levará à morte. Não é inteligente ignorar as chances de encontrar desafios nesse caminho fatal chamado vida. Seguir a vida juntos dá ao casal a possibilidade de compartilhar os dissabores, as responsabilidades e os prazeres da vida, dividindo as incumbências e multiplicando as dádivas. Mas o contrário também pode ser verdadeiro.

Para conseguir obter sucesso diante dos desafios, segundo a Dra. Pat Allen, o casal precisa de compatibilidade, comunicação e química. Com pertinência, a base da sua teoria é a polaridade energética, o que contribui com esses três fatores. Quanto mais claro está o que cada um prioritariamente traz para a mesa, mais simples fica negociar os termos dos acordos e planos que precisarão ser realizados ao longo dessa jornada. Definição energética traz clareza para a comunicação e mantém a atração ativada, o que contribui para que o casal seja bem-sucedido na parceria que eles decidiram firmar juntos.

Mesmo que a determinação energética nos conceda diretrizes claras, a sintonia ideal entre um casal só pode ser encontrada na prática através do respeito, da valorização e da observação sincera de nós mesmos, do outro e da relação. Um casal bem-sucedido é aquele que encontra equilíbrio e satisfação mútuos, independentemente dos termos do acordo que eles firmaram. O que depende é a capacidade que eles têm de estabelecer e negociar esses acordos com clareza e de cumpri-los, mesmo diante das inevitáveis adversidades. Estar equilibrado e satisfeito não significa que não existem desafios, significa que eles são conscientemente administrados por um casal que escolheu assumi-los juntos. É a sociedade mais significativa que se pode fazer, cujos frutos, muitas vezes, envolvem a vida de alguém.

Há uma noção infantil de que um relacionamento é algo que as pessoas constituem para alcançar realização plena. Caso seja isso que busque em um relacionamento, é improvável que encontre satisfação por muito tempo. Não há nada que possa ou não possa ser conquistado na dimensão material da vida que não tenha um lado positivo e um lado negativo. Essa dimensão da existência é necessariamente dual. A idealização infantil da conquista da felicidade através do outro, leva muitas pessoas a abandonarem relações diante de desafios que, uma vez superados, trariam ao casal um nível mais profundo de evolução, cumplicidade e admiração mútua.

O objetivo aqui não é condenar quem opta por terminar um relacionamento, nem negar que há casos em que esta pode ser a melhor opção. Eu mesma sou exemplo de alguém para quem a separação dos pais trouxe inúmeras dádivas, especialmente em forma de pessoas que não existiriam, ou não fariam parte da minha vida, se não fosse pela decisão dos meus pais de se separarem. O objetivo aqui é chamar a atenção para o fato de que, por vezes, separações são realizadas sem a devida reverência, reflexão e dedicação que um acordo dessa magnitude faz jus, ainda mais quando envolve crianças.

Não é demais apontar que a separação pressupõe uma união prévia responsável pela nossa existência, a maior dádiva. Que isso não seja obscurecido pelas circunstâncias das pessoas e das relações.

O relacionamento, assim como é o lugar em que podemos encontrar elevada expressão da nossa luz, também é o lugar no qual encontramos as nossas sombras e onde temos a chance de transcendê-las. Por tudo que o abrange, inevitavelmente haverá momentos em que conflitos precisarão ser endereçados, momentos em que a visão de mundo de um se choca com a do outro. Essa troca que por vezes se dá diante de um conflito é um dos propósitos do relacionamento e é crucial para sua evolução, é através dela que ambos emergem transformados e melhores.

A sugestão é que a mulher aborde essas trocas a partir do seu lado feminino, que sabe que a forma como temas potencialmente conflituosos são tratados pode ser mais importante do que o tema em si. A mulher, a partir do seu feminino, tem o foco primordial de alcançar harmonia, ou seja, de encontrar a solução, e não o de provar que está certa e "vencer" a discussão. Mais uma vez nos encontramos com o nosso ego, que em um conflito perde a solução de vista e foca na necessidade de provar a sua razão, ignorando a do outro.

O centramento não dual que o feminino proporciona nos permite compreender que em um conflito ninguém está totalmente certo ou errado; com amor e compreensão todos os pontos de vista podem ser considerados e um entendimento encontrado para que ambos sigam mais fortalecidos, íntimos e unidos.

Quanta sabedoria, compreensão e humildade demonstra uma mulher capaz de lidar com um conflito com feminilidade. Considero esta uma arte da qual nos afastamos em prol da maneira ativa, assertiva e resolutiva que o masculino tem para abordar conflitos. Por vezes, me parece que há um entendimento de que a abordagem masculina é, se não a única, sem dúvida a melhor forma de resolver conflitos, menosprezando e diminuindo a sábia e harmoniosa abordagem feminina.

Portanto, se você está disposta a adotar essa forma de conduta, antes de levantar um tema delicado ou potencialmente conflituoso, o primeiro passo a ser observado é se familiarizar com os sentimentos que esse assunto está lhe causando. Dê nome a eles, investigue de onde vêm, os aceite e acolha como amigos que trazem uma mensagem importante. O ideal é que esse processo seja observado caso interprete seus sentimentos como certos, nobres e justificados, como também caso os interprete como errados, indignos ou feios. Não importa como a mente os classifique, é preciso reconhecê-los, aceitá-los e acolhê-los. Caso os indulgencie ou adore, ou tente negá-los, suprimi-los ou ignorá-los, eles continuarão exercendo poder sobre você.

Para lidar com os sentimentos é preciso criar com eles um relacionamento de honesta compreensão, independentemente do quanto se possa acreditar que eles sejam bons ou ruins. O objetivo não é reverenciar ou escapar do sentimento, é absorvê-lo. Por exemplo, caso esteja com raiva, admita que é isso o que está sentindo. Não busque alimentar, nem tente deixar de sentir a emoção. Ao contrário, a abrace. Procure descobrir como e de onde ela surge, em que lugar do corpo se manifesta, qual densidade apresenta, qual sensação gera, com qual imagem se associa, qual é a sua natureza e o seu conteúdo. Disseque o sentimento.

É crucial que você não se renda aos apelos do ego de se colocar como vítima da questão, e dedique-se honestamente a enxergar também o lado do outro dentro da situação. Atenção aqui. Considerar o lado do outro não quer dizer colocar os sentimentos dele acima dos seus, minimizar a sua dor ou abafar suas emoções. O que você sente precisa ser visto e compartilhado para que ele possa se posicionar a respeito. Essa honesta e, na medida do possível, imparcial observação prévia dos sentimentos e pensamentos envolvidos contribui para que isso se dê da maneira mais clara e harmoniosa possível.

Algumas pessoas consideram difícil colocar-se na posição de observador do seu estado interno, especialmente quando experimentam tormento. Inspirar profundamente e deixar a tensão ir com a expiração é algo que ajuda muito. Lembrar que mais difícil será lidar com as consequências de palavras e ações proferidas impulsivamente também pode ajudar. O ideal é que você não lide com o que está se passando fora sem antes lidar com o que está se passando dentro de você.

O próximo passo é saber compreender e aproveitar o momento certo para tratar do assunto. Isso, mais uma vez, demanda consciência e capacidade de ignorar os impulsos do ego. Quando estamos sentidas e incomodadas com um tema, o nosso ego nos impulsiona a levantar o assunto nos momentos mais inoportunos, como, por exemplo, quando estamos atordoadas pelas emoções e falamos de um modo do qual nos arrependemos depois, ou quando ele está irritado, agitado ou envolvido em outra atividade, claramente fechado para o assunto. Compreender as deixas que o Universo dá e aproveitar o momento e o contexto ideal para levantar o assunto, essa é a ideia. Desse lugar, as soluções são mais facilmente encontradas.

Sabemos também que há ocasiões em que estamos tão sentidas com o tema em questão que não somos capazes de apurar ou esperar o momento ideal para abordá-lo. Nesse caso, seria bom se você, de alguma forma, pedisse licença para levantar o assunto antes de introduzi-lo. Algo simples, como: "Gostaria de conversar com você, podemos falar agora?". Como explica a Dra. Pat Allen, pela forma como tipicamente o cérebro do homem funciona, se simplesmente atirarmos nossos argumentos sem garantir uma abertura, ele pode se sentir bombardeado, o que cria resistência e complica a situação. Na melhor das hipóteses nenhum dos dois sai satisfeito ou, na pior, uma briga é desencadeada.

Em suas obras, tanto a Dra. Pat Allen quanto John Gray demonstram cientificamente como as peculiaridades típicas do funcionamento cerebral e hormonal de homens e mulheres explicam as diferenças na forma de agir e de se comunicar. Homens, testosterona e o hemisfério esquerdo do cérebro, responsável pela razão. Mulheres, estrogênio e o hemisfério direito do cérebro, responsável pelas emoções. Mesmo sendo interessante compreender como nosso funcionamento hormonal e cerebral influencia na forma como vemos o mundo, não considero necessário explanar aqui razões científicas para as diferenças entre os sexos, isso porque acredito que o que deve nos motivar a adotar a abordagem feminina é o nosso reconhecimento íntimo de que esse caminho faz sentido para nós, não o reconhecimento racional de uma explicação científica para tanto.

Voltando ao conflito, caso decida pedir licença para tratar de um assunto potencialmente polêmico, se a resposta for negativa, você pode então perguntar quando seria um bom momento. Não faz sentido levantar um assunto quando a outra pessoa não está aberta para tratá-lo. Isso não nos encaminha para uma solução harmônica, pelo contrário. Desnecessário mencionar que as mulheres têm o mesmo direito de adiar um assunto para o qual não estejam abertas no momento. Isso só costuma ocorrer menos, visto que mulheres, em regra, gostam de falar sobre seus sentimentos.

Sendo assim, caso a resposta dele seja positiva, você introduz o assunto começando pelos pontos que compreende no posicionamento dele. Fique atenta para não ignorar o primeiro passo da abordagem feminina de conflitos, que é, antes de levantar o assunto, reconhecer e se harmonizar com suas emoções, procurando também compreender o lado do outro na questão da melhor forma que você for capaz, sem que isso signifique menosprezar seus sentimentos.

A demonstração dessa compreensão abre a conversa quebrando resistência, demonstrando respeito e disponibilidade para solução. Em seguida, você comunica com sinceridade como se sente diante da situação e pergunta como ele pode resolvê-la, ou propõe uma alternativa para resolução, perguntando o que ele acha da sua solução, não a impondo.

Mais importante do que ele concordar com a sua solução ou imediatamente propor uma que lhe agrade, é que responda a você com o mesmo amor e compreensão que direcionou a ele. Assim é como você sabe que ele a valoriza. O que importa em um homem não é que ele satisfaça suas necessidades da maneira que você acha que ele deva, mas que esteja aberto para que, com amor, vocês possam juntos descobrir uma forma de solução na qual ambos estejam satisfeitos, sentindo-se respeitados e valorizados em sua individualidade e como casal.

Um exemplo para ilustrar nossa conversa: você sai para uma noite com ele e os colegas de trabalho dele. Tudo corre bem, mas você se incomoda com a forma como ele interage com uma colega em especial, acha-os excessivamente próximos e considera que ambos estão tomando intimidade demais. O primeiro passo é aceitar, acolher e reconhecer suas emoções, checando de onde estão vindo e qual mensagem passam. Não busque alimentá-las com pensamentos, como: *sabia que não podia confiar nele, homem é tudo igual, logo agora que nosso relacionamento estava indo tão bem...* Nem tente suprimi-las: *isso é coisa da minha cabeça, que vergonha de me sentir assim, melhor ignorar...* Apenas aceite que a emoção existe, a acolha e sinceramente a reconheça:

Qual é o nome dela? Ciúme, insegurança, medo? Onde ela se manifesta no seu corpo? Na região do plexo solar, na cabeça, nas costas? Como você a sente? Um vazio, um aperto, um peso? Como ela surge? Quando ele fala, ri ou demonstra atenção a ela? Ele se comunica da mesma forma com outras colegas? Isso lhe desperta a mesma emoção? Por quê? O que essa emoção quer lhe falar? Ouça.

Ela diz mais da relação do seu parceiro com a colega de trabalho ou da sua insegurança pessoal? Seja sincera com você para estar segura de que não está identificando o problema errado.

Caso conclua que realmente não sentiu a interação como apropriada e que quer abordar a questão, você levanta o assunto quando sentir que é um momento adequado ou quando tiver a abertura expressa dele. Pode dizer algo do tipo: *Eu sei que você é supercomunicativo e carinhoso com todos, que esse é seu jeito de ser, que inclusive eu adoro. Sei também, claro, que você tem direito de conversar com quem quiser. Mas, entre seus colegas de trabalho, eu não me senti confortável com a forma como você e aquela moça x estavam conversando, queria saber se você pode ter uma postura mais profissional em relação a ela. O que acha?* Neste caso, como você acredita que ele iria responder?

O extremo seria você adotar atitudes passivo-agressivas como emburrar e pedir para ir embora. Ou se enraivecer e bombardeá-lo com acusações infundadas ou não, de toda forma agressivamente formuladas, demandando atitudes dele e impondo suas teorias. Neste caso, como você acredita que ele iria responder?

Como é ressaltado ao longo do livro, a forma exata como cada pessoa deve agir só ela pode apurar diante da situação concreta. O que é oferecido é um esquema para que a ação não parta de uma mente confusa e emocionalmente inflamada, e sim de um coração acolhido e inteligentemente considerado.

A relação romântica entre feminino e masculino foi o pano de fundo utilizado aqui para exemplificar a abordagem feminina diante de um conflito, mas essa linha de conduta pode ser utilizada em qualquer relacionamento. Bem como, obviamente, ela não está restrita às mulheres. Pessoas de qualquer orientação sexual ou preferência energética podem se beneficiar muito com essa abordagem. Assim como a atitude ativa, resolutiva e pragmática do masculino não está restrita aos homens. Independentemente da forma como alguém escolha agir, a capacidade de se colocar como observador de seu estado interno, e de não agir contaminado por ele, será valiosa.

No momento da agitação mental e emocional há uma janela no tempo, na qual ainda é possível escolher entre injetar consciência interna ou se perder em pensamentos e emoções conturbados. Apenas a presença consciente e sem julgamentos já alivia a perturbação. Essa amorosa presença corta o *link* do pensamento com o sentimento de dor que se retroalimentam gerando e sustentando o drama. Aqui é o começo do fim do sofrimento que esse padrão gera.

Muitas pessoas reconhecem que estavam mergulhadas em padrões de pensamentos e de sentimentos negativos quando cometeram atitudes das quais se arrependeram. Essa consciência é posterior ao fato. A ideia é manter-se presente no momento em que os pensamentos e sentimentos que causam tormento e dor começam a surgir. Fazemos isso trazendo consciência para as emoções e questionando os pensamentos envolvidos, não simplesmente acreditado neles e servindo como marionetes de suas, por vezes, atrapalhadas conclusões.

É preciso admitir que algo em nós não quer se libertar desse padrão vicioso, porque sobrevive dele. Há também algo em nós que não se afeta por isso, simplesmente descansa em paz. A questão é com qual parte escolhemos nos identificar.

Vale ressaltar que um relacionamento íntimo, assim como tem o potencial para despertar o melhor da pessoa, também pode despertar o que há de obscuro nela. Para algumas tradições espirituais, esse é um dos grandes propósitos do relacionamento – trazer à luz o que estava escondido na escuridão para que assim possa ser liberado.

Dessa forma, passado o tormento de um conflito, caso você reconheça que não adotou a postura que gostaria de ter assumido, não se torture. Faz parte da vida. Isso não quer dizer que seja aconselhável que você repita comportamentos que já compreendeu que não lhe favorecem.

Quer dizer que você assume a responsabilidade por eles, faz os reparos que forem possíveis e honestamente se compromete a não repetir equívocos passados. Essa autorresponsabilidade não só libera a pessoa que a assume, como também a torna mais compassiva, compreensiva e amorosa quando é o outro que se perde.

> "Aqui é dor, aqui é amor, aqui é amor e dor,
> onde o homem projeta o seu perfil e pergunta
> atônito: em que direção se vai?"
>
> *Adélia Prado*[20]

---

[20] Trecho do poema Discurso, em *O coração disparado*, Rio de Janeiro: Editora Record, 2013.

# A PAZ

Conversando sobre conflito, me deparei com a seguinte afirmação: "Quando algo em alguém me incomoda eu procuro me afastar dele". Refleti a respeito e concluí que, no lugar da pessoa que emitiu a afirmação, eu buscaria descobrir por que aquele determinado acontecimento está me causando distúrbio, ou seja, o que está mal resolvido em mim que eu associo às atitudes daquela outra pessoa. Quando compartilhei a minha perspectiva, quem emitiu a afirmação inicial disse: "Isso é uma estratégia de defesa sua". Refleti mais uma vez e concluí que não parecia ser uma defesa, visto que não estava em oposição a nada.

A abordagem feminina não é acessível se tem como base algo que é necessariamente dual, como é o caso da defesa, que só se manifesta em oposição a algo. Da perspectiva do sagrado da feminilidade, estamos todos do mesmo lado, por mais diferentes que possamos ser ou pensar. Também não é possível acessar plenamente essa postura sagrada através de uma estratégia. Mesmo podendo utilizar-se de uma estratégia para análise emocional, com essa postura a pessoa não se condiciona às conclusões alcançadas, apenas as observa e compreende que qualquer julgamento só obstrui a visão da grande verdade. Assim, uma consequente ação pode partir do que é essencial no ser e, portanto, não precisa de premeditação. Na verdade, uma estratégia, técnica ou método viria a prejudicar a ação pura, que tem mais força do que qualquer ato ou palavra que possa ser premeditado.

Quando adotamos uma postura sem defesas, podemos vir a entender algo que não sabíamos, o que, muitas vezes, é ensinado pela compreensão da perspectiva da pessoa que antes estava nos incomodando, que ao ser considerada de maneira inofensiva, pode expressar-se de forma que haja entendimento.

Algo que nos incomoda em alguém muitas vezes é uma sanção do juiz da nossa mente contra nós mesmos, projetados no outro. Essa projeção não costuma ser óbvia e o ego se retorce só de pensar em compreendê-la, afinal, cada projeção que a gente reconhece e liberta é a morte de um pedacinho do nosso ego. Aquela *persona non grata* pode ser um anjo disfarçado, só precisamos dar a ela a chance. Quando nos reconciliamos com o outro também alcançamos uma reconciliação interna. A pessoa que é compassiva e compreensiva com os demais também é assim consigo mesma.

Tudo contra o que nos colocamos em oposição – negando, acusando, defendendo ou reclamando a respeito –, estamos tentando excluir, mas, na natureza, não é possível exclusão, apenas transformação. O sintoma que a atitude da outra pessoa está nos mostrando pode se transformar em combustível para nossa evolução ou para nossa limitação, cabe a nós escolher. Isso não quer dizer que seja sempre fácil fazer essa escolha, nem que tenhamos que manter convivência com uma pessoa que nos incomoda, quer dizer apenas que, caso ela apareça, não a culpamos pelos sentimentos que são nossos.

Mas por que não é fácil fazer uma escolha entre evolução e limitação? Simplesmente porque todas as limitações que aceitamos servem a algum propósito. No nível mais raso da nossa consciência tudo é dividido entre bom ou mau. O que classificamos como bom reconhecemos como pertencente e o que classificamos como mau queremos excluir. O "bom" para esse nível de consciência é quem rejeita o "mau", eles vivem em simbiose, sem a oposição de um ao outro, ambos perdem a razão de existir. Nós nos opomos contra algo na vã tentativa de validar a nossa própria existência; a questão é que reforçamos tudo aquilo que tentamos excluir, e algo em nós reconhece que não é possível alcançar validação existencial através de uma opinião, por mais certa ou errada que possamos acreditar que ela seja.

Esse nível de percepção dual, mesmo sendo raso, pertence e serve a um propósito. O objetivo aqui não é eliminá-lo, apenas reconhecê-lo pelo que é. Sentir-se vinculado a um grupo desperta sentimentos tão profundos no indivíduo que pode levá-lo até mesmo à disposição de morrer na luta contra a outra parte. Independe se você apenas exclui seu oponente, ou se está disposto a matar e morrer em nome dessa oposição, o impulso que move é o mesmo: a vontade de extermínio. Aqui perdemos a individualidade em nome de uma coletividade cega que se considera superior ao grupo oponente, o que nos encaminha a passos largos para o fracasso.

Mas por que todo grande conflito termina em fracasso? No livro *O Amor do Espírito*,[21] Bert Hellinger[22] responde: "Porque nega o que é evidente e porque projeta no exterior o que só pode ser resolvido na própria alma".

Isso não significa que conflitos sejam em si algo negativo, mas apenas que eles só podem ser verdadeiramente resolvidos de outra forma. Ainda segundo Hellinger:

> Os conflitos são parte integrante da evolução dos indivíduos e dos grupos. Entretanto, por meio das compreensões essenciais, eles podem ser resolvidos de outra maneira, com mais cuidado e com o reconhecimento das diferentes necessidades e dos limites impostos às soluções adotadas em comum. Em última instância, toda paz é alcançada através de alguma renúncia.

Uma renúncia importante que podemos fazer quando desejamos alcançar paz, é a renúncia ao nosso incessante desejo egoico de estar certo. Então quer dizer que, se abdi-

---

[21] Hellinger, Bert. *O Amor do Espírito*, 6ª ed., Editora Atman, 2020.
[22] A qualificação completa de Bert Hellinger está no capítulo "Consciência Comportamental", no início do tópico "Reconheça o Valor de Seguir".

co das certezas e compreendo que só existem perspectivas, encontro a paz? É aí onde ela começa. Em referência à paz, Bert Hellinger responde:

> Ela começa onde termina a vontade de extermínio, seja como for que o justifiquemos, e onde o indivíduo reconhece que não existem seres humanos melhores e piores. Todos estão emaranhados do seu modo particular, nem mais nem menos que nós. Neste sentido, somos todos iguais.

✦

Assim como buscar o conflito fora não é a resposta, buscar a paz também não é.

Enquanto a paz estiver condicionada a algum guru, xamã, constelador, psicólogo, médico ou a qualquer outro meio de cura mental, física, emocional ou quântica, ainda mais se personificada por uma imagem, religião, pessoa, lugar, livro ou método, ou condicionada à permanência de bem material, físico ou à mudança do comportamento, da presença e mesmo à vida de outra pessoa, ela jamais será encontrada.

Embora tudo o que foi mencionado possa contribuir e muito para a paz, e seja importante ter gratidão e apreço pelo valor que essas figuras representam, a paz é uma realização íntima que se dá quando conseguimos transcender os símbolos da existência e nos aproximar do que é essencial.

Tudo o que envolve a matéria tem natureza dual e pode ser adotado por interesses que só servem ao ego, como por vezes têm sido e, portanto, gera sofrimento. A paz está além do bem e do mal. Lembrando que o objetivo aqui é a paz, não a crucificação do ego que faz parte e, por isso, precisa ser considerado com respeito e valorização dignos.

Da maneira dele, o ego procura ajudar. Ele quer se esconder, fugir ou atacar todos os perigos que consegue imaginar que corre. Toda pessoa que fere alguém de qualquer forma que seja, está ferida e busca se defender. A consciência da condição da qual todos fazemos parte nos permite olhar com amor para o outro.

A intenção não é fantasiar o mundo, nem pormenorizar os riscos do ego, e sim reconhecê-lo e integrá-lo. Quando olha nos olhos da sua sombra e diz sim, a pessoa perde o interesse de persegui-la nos olhos de outra.

# A ARTE DE COMUNICAR SENTIMENTOS E INTENÇÕES

Para seguir a abordagem feminina na resolução de conflitos, é crucial comunicar a voz que vem do coração, não a que vem da cabeça. Você fala de você, não do outro. Você comunica o que sente, não o que acha. Para isso, é necessário reconhecer e se conciliar com as suas emoções antes de tomar uma atitude.

Quanto mais afastada uma mulher estiver de sua feminilidade, mais difícil será para ela identificar o que de fato está sentindo. Uma mulher que se afastou de seu feminino, muitas vezes, se treinou para calar a voz de suas emoções. Talvez tenha aprendido que elas são como um sinônimo de fraqueza ou que a mensagem que seus sentimentos lhe passam são de menor valor, caso em que ela suprime suas emoções ou se esforça para racionalizá-las, o que pode resultar em um rompante emocional daqueles que as mulheres às vezes têm o estigma de protagonizar.

Atenção aqui, assim como a razão não deve suprimir as emoções, as emoções não devem suprimir a razão. Independentemente com qual gênero ou energia se identifique, a pessoa só é plena quando considera e honra todas as faculdades do seu ser. Comunicar as emoções não quer dizer ignorar a razão. A contribuição da razão precisa ser considerada, só não deve calar a contribuição do coração. O que buscamos é que razão e emoção trabalhem juntas, e para que isso aconteça ambas devem ser valorizadas.

Que fique claro que o objetivo não é a desqualificação da razão, mas sim a comunicação da emoção de forma inteligente, o que necessariamente inclui e honra a razão.

Para adotar essa abordagem de comunicação, é crucial lembrar que você não precisa explicar ou defender seus sentimentos, apenas comunicá-los. Tentar justificar os sentimentos pode levar a uma aparente confusão entre as influências da razão e do coração, e o objetivo é a sua íntima conciliação, não explicação.

Ouvir, considerar e comunicar seus sentimentos de forma respeitosa com todos os envolvidos é característica de quem está em contato com a sua feminilidade. Para isso é preciso humildade, acolhimento, paciência e amor. Quantas vezes oferecemos isso a outros, por que não oferecer também a nós mesmas?

Identificar suas emoções pode se tornar um momento prazeroso, no qual você se coloca no colo e acolhe com carinho o turbilhão de estímulos que está se passando dentro de você. Colocando assim, fica mais claro entender como é importante que isso seja feito antes da proposição de um tema potencialmente conflituoso. Não é ideal que a gente transfira a responsabilidade por decifrar as nossas emoções aos nossos parceiros, em geral eles nem podem fazer isso. Às vezes, nem nós podemos. Caso a sua conclusão ao mergulhar em suas emoções seja que você está confusa e não sabe bem o que está sentindo, tudo bem. Comunique isso a ele, mas não transfira a ele a responsabilidade por fazer com que você se sinta melhor, isso é tarefa sua. Com a comunicação adequada, o que ele pode e irá fornecer a você é apoio e acolhimento.

Assim que comecei a trabalhar com essa abordagem, atendi uma mulher que vinha tendo problemas em se entender com seu parceiro de longa data. Apresentei para ela todas as nuances da *Comunicação Energética da Feminilidade* e combinamos de nos encontrar em uma semana para saber como tinha sido a resposta das sugestões comportamentais que ela tinha se proposto a adotar. Em menos de três dias ela me ligou falando que tinha seguido tudo, mas não tinha funcionado. Perguntei então o que havia ocorrido.

Ela me contou que esperou até o momento em que sentiu que tinha abertura dele para levantar o assunto que a estava incomodando, que, no caso, era o fato de com grande frequência ele convidar a mãe dele para os programas que ela gostaria que fossem exclusivos do casal. Ela mencionou que percebeu claramente a janela de oportunidade para levantar o assunto e aproveitou, dizendo que entendia que ela era a mãe dele e que ele tem obrigações com ela, mas sentia que ele sempre a trazia para tudo, que sentia que isso não era certo, que sentia a mãe dele se intrometendo em decisões que deveriam ser do casal e que sentia que já não aguentava mais e que, portanto, ele deveria parar de sempre levar a mãe à tiracolo para tudo, e então, perguntou o que ele achava. Mas que, mesmo ela tendo comunicado os seus sentimentos no momento certo, ele não tinha respondido bem.

Assim que ela se acalmou um pouco, perguntei se era isso mesmo o que ela sentia. Sem refletir um segundo, ela me respondeu que sim. Sugeri que ela refletisse melhor com honestidade e sem julgamentos e que caso chegasse a uma conclusão diferente, voltasse a me ligar.

A questão é que não basta falar "Eu sinto" e depois despejar nele tudo o que você acha. Quando faz demandas, críticas e dá opiniões para mudanças no comportamento dele, você não está comunicando o que sente, está comunicando o que acha. Para comunicar o que se sente, antes é preciso honestamente identificar a emoção e depois expressá-la de coração. Feito isso, você deixa que ele resolva a situação levando em conta os seus sentimentos. Nada impede que você comunique com respeito o que a faria se sentir melhor, mas a decisão sobre o que fazer ou não é dele. Você pode aceitar ou sair.

Estar em um relacionamento não lhe dá o direito de demandar ou controlar os rumos da ação do outro. Fazer chantagens emocionais, demandas, emburrar, barganhar ou fazer joguinho para conseguir o que quer é manipulação e não tem nada a ver com o sagrado da feminilidade, que é o que está sendo tratado aqui.

Algumas semanas depois, a mulher do caso voltou a me ligar. Disse que não tinha sido fácil transpassar a barreira de todos os pensamentos de revolta que tinha pela presença constante da mãe do parceiro. Depois que conseguiu colocar a revolta de lado, ela viu que até o admirava por ser tão zeloso com a mãe, disse que via nisso as características do grande homem que ele é. Ela viu também que se quisesse manter o relacionamento, teria que aceitar o destino dele que, de fato, lhe trazia mais responsabilidades em relação à mãe (sendo filho único, a mãe viúva e com a saúde fragilizada), ela também compreendeu que aceitava isso, só gostaria que ele encontrasse um equilíbrio que a fizesse se sentir valorizada também.

Ela estava satisfeita por ter sido capaz de comunicar tudo isso a ele cheia de amor e compreensão e contou que se surpreendeu com a forma rápida e diligente que o parceiro encontrou para fazê-la se sentir valorizada e priorizada dentro do relacionamento.

É essa arte que muitas mulheres gostariam e podem resgatar – saber escutar-se, acolher-se e, sem agressividade, posicionar-se de maneira alinhada aos seus sentimentos e respeitosa aos demais.

"Há muros que só a paciência derruba.
E há pontes que só o carinho constrói."

*Cora Coralina*

✦

Quando se decidiu que o esquema oferecido pela *Comunicação Energética da Feminilidade* se tornaria um livro, mulheres que representam as deusas mencionadas foram convidadas a dar a sua perspectiva sobre o conteúdo, compartilhando as críticas e sugestões que considerassem necessárias. Todas as mulheres que generosamente compartilharam suas perspectivas contribuíram enormemente para o resultado apresentado e para a profundidade com que ele pode ser compreendido.

De tudo o que foi sugerido e compartilhado, uma contribuição específica não tinha encontrado o seu lugar neste conteúdo. Por considerá-la de extremo valor, eu esbocei algo que poderia ser o começo do assunto, mas ainda não tinha encontrado a deixa para ele. Foi então quando ouvi mais uma mulher fazendo comentários similares aos daquela que inspirou o esboço. Por "coincidência", ambas, mesmo passando por conflitos e desafios, consideravam-se felizes e realizadas em seus relacionamentos, uma por 23 anos, outra por 16 anos.

E, afinal, qual foi essa tal contribuição? A primeira vez que a recebi começou com algo mais ou menos assim: "Seria legal se você abordasse o quanto é importante que a gente compreenda como o outro entende o amor. Por exemplo, eu sei que o meu marido se considera amado quando eu preparo comida para ele, nem precisa ser uma que eu mesma fiz, pode ser algo que eu trouxe para casa ou tenha dado apenas um toque especial. Eu sei também que ele está demonstrando amor quando faz algo nesse mesmo sentido para mim. Então, eu dou e me abro para receber". E ela não parou por aí, disse ainda que não se limita em servir a comida para ele ou para os filhos, antes, ela coloca intenção no alimento emitindo uma força que ela sabe que favorece a pessoa que o recebe.

Intencionalmente abençoar um alimento, uma empreitada ou uma pessoa, é atitude de quem reconhece o poder e a dimensão da sua feminilidade.

Enquanto eu aguardava a deixa para incluir essa relevante contribuição ao conteúdo, conversando com outra mulher, ela, com a serenidade de quem reconhece a responsabilidade que isso representa e sabe que pode arcar com ela, menciona algo como: "Às vezes, me impressiona a confiança que o meu marido tem em mim, nessa força que eu posso passar, sabe?". Isso me lembrou a primeira mulher do caso, que tinha feito um comentário quase idêntico. Então, eu mencionei: "Conheço outra mulher que disse o mesmo e, sabendo disso, ela intenciona o alimento que oferece para a família". Na mesma hora, a segunda mulher respondeu: "Também faço isso!", e continuou: "Às vezes eu não compreendo como uma pessoa pode confiar tanto na energia que a outra é capaz de transmitir, não sei se eu confiaria assim". Perguntei então se ela intencionava o alimento que servia para si mesma. Cheia de surpresa, ela se deu conta que não.

O lugar de guardiã do divino é uma posição do feminino. É vital que a pessoa que guarda esse espaço lembre-se primordialmente de cuidar de si e também permita-se ser cuidada, assim ela pode ser esse canal com integridade e leveza.

Valorizar os sentimentos do feminino e respeitar os pensamentos do masculino é um esquema que colabora para que a direção que o masculino aponta seja seguida carregando a chama que o feminino preserva. A consciência dessa virtude confere à mulher a noção do valor que ela representa e da responsabilidade que ela tem. Assumi-los acompanhada de um homem que compreende e valoriza essa magnitude, e que assume o valor e a responsabilidade que o masculino carrega, é um privilégio.

Um equívoco que nós mulheres podemos cometer no papel de guardiãs desse portal divino, é nos identificarmos pessoalmente com a força da qual podemos ser apenas um canal. Achar que essa força vem de nós, nos confere um falso senso de importância que causa esgotamento por nos desconectar do movimento que vem de algo que não pertence a ninguém, mas está disponível para todos. Para verdadeiramente assumirmos esse papel, é fundamental que haja entrega e humildade.

"Somente onde existe humildade
é que se desenvolve o efeito que traz a bênção."
*Bert Hellinger*[23]

---

[23] Hellinger B. *Ordens da Ajuda*, Editora Atman, 2021.

# CONSCIÊNCIA COMPORTAMENTAL

Este capítulo traz sugestões comportamentais para quem sente que não está expressando sua feminilidade como gostaria. Talvez esteja em um relacionamento neutro e queira reativar a química sexual, ou atraia homens que priorizam o feminino, mas sua preferência é o contrário. Não estamos fornecendo aqui um manual de como você deve ou não se comportar, isso é insustentável. Uma relação só é plena quando cada um tem liberdade e segurança para ser quem é. O que estamos oferecendo são sugestões para que você observe seu comportamento e veja quando ele realmente está alinhado à sua essência ou quando se trata de um impulso inconsciente, ou mesmo do que você achava que era o melhor para o outro, mas com as reflexões propostas pôde ver que talvez não seja o caso.

É bom ressaltar que, como já mencionado, a deusa que buscamos ativar é Afrodite, a mulher. Ou seja, as sugestões são úteis e apropriadas dentro de uma relação romântica.

Caso o objetivo fosse ativar a profissional Atena, as recomendações em determinados pontos iriam se diferenciar bastante, em outros não.

Assim como convidar a Atena para se expressar quando o assunto é intimidade sexual não costuma ser boa ideia, há contextos em que convidar a Afrodite quando o assunto é profissional também não é. Isso não quer dizer que você deva excluir a deusa – que inclusive é necessária para que haja expressão artística e criação –, ela só não fica na direção do veículo da sua mente, é colocada no banco de trás. Vale lembrar que ainda exerce influência e, caso esteja sem equilíbrio com as demais deusas, vai tentar assumir a direção. Isso pode acontecer com todas as deusas, a influência predominante varia de acordo com a determinação arquetípica de cada pessoa, como mencionado no capítulo dos arquétipos femininos.

Embora a abordagem feminina seja necessária em circunstâncias profissionais, caso ela venha acompanhada de tensão sexual propositalmente estimulada visando algum favorecimento, além de desqualificar a energia sexual em si, também pode desqualificar a pessoa que a usa ou a oferece como instrumento de barganha. Quanto à tensão sexual naturalmente existente na relação entre polaridades, ainda há muito o que se falar sobre homens e mulheres trabalhando juntos, o que, da perspectiva histórica, é um acontecimento recente.

Ainda no que se refere à atuação profissional, mulheres e homens que têm o masculino bem desenvolvido em regra estão no mercado de trabalho e saem-se bem nele.

A autoridade e competência típica do masculino é valorizada, benéfica e necessária para os negócios. Especialmente nessa área de atuação, é útil que a pessoa desenvolva e saiba lidar com as qualidades de força e competência masculina. Sabendo disso, dentro dos poucos anos em que historicamente as mulheres são parte do mercado de trabalho, nós tratamos de desenvolver essas características não só para garantirmos o direito de atuação, como também para obtermos sucesso diante dele.

Nesse sentido, há três pontos que merecem reflexão. Um deles é o fato de que como foi preciso que nós, mulheres, conquistássemos o direito de exercer o poder de atuação e comando masculino e, da perspectiva histórica, essa conquista ser recente, quando a desempenhamos, por vezes somos mal interpretadas e estigmatizadas como difíceis, arrogantes ou algo pior. Sermos classificadas de forma pejorativa, quando estamos apenas manifestando a nossa expressão do masculino, não é novidade para mulheres que atuam no mercado de trabalho.

Um outro ponto é a possibilidade de que nós, mulheres, em vez de simplesmente assumirmos o direito de exercer nossa expressão do masculino, estejamos espelhando nos homens o estigma ao qual somos submetidas, classificando como tirânicas manifestações que são apenas expressões masculinas.

A questão que precisa ser delimitada é em que ponto a expressão saudável do masculino se converte em ofensa, Independentemente se estiver sendo performada por um homem ou por uma mulher. Diante dessa reflexão, é preciso cuidar para que o excesso de sentimentalismo não cerceie a expressão do masculino e o excesso de pragmatismo não cerceie a expressão do feminino, ambas fundamentais não só para a plenitude do ser como das organizações.

Por fim, mais uma vez levanto a reflexão sobre a desvalorização dos valores femininos, especialmente no mundo dos negócios. Não há dúvidas de que foi necessário invocarmos a força e a potência do nosso masculino para garantirmos o devido lugar das mulheres na sociedade. Agora, talvez seja o momento de invocarmos o centramento e a sabedoria do nosso feminino para seguirmos sem nos perdermos de nós mesmas, e não nos esgotando para nos igualar ao masculino nem impondo aos homens valores femininos, mas simplesmente assumindo e honrando nossa posição como mulheres que zelam e prezam pelos valores femininos respeitando os valores masculinos. O mundo anseia por esse posicionamento e não vamos alcançá-lo cobrando ou impondo que os homens o assumam, mas, simplesmente, assumindo-o por nós mesmas.

> "A mulher não é inferior nem superior ao homem.
> É diferente. No dia em que compreendermos isso a fundo,
> muitos mal-entendidos desaparecerão da face da terra."
>
> *Monteiro Lobato*[24]

Voltando ao romance, é claro que todas as deusas que a mulher escolher manifestar precisam encontrar seu lugar de expressão dentro da relação. Mas a manifestação de uma

---

[24] Trecho do Prefácio do livro *No Caminho da Luz*, de Josephina Sarmento Barbosa, 1921.

deusa não precisa nem deve suprimir a de outra. O objetivo é ampliar a consciência para saber bem quando e como dar vazão a cada uma de nossas influências arquetípicas.

No final do livro, há uma folha destacável com as 12 sugestões listadas neste capítulo e um espaço em branco para que você possa anotar o que fizer mais sentido para você e os *insights* que receber sobre sua relação com o masculino. A ideia é que você use essa folha como guia caso decida exercitar sua feminilidade. Basta destacá-la e fazer suas anotações à medida que for lendo.

## MANTENHA-SE UM PASSO ATRÁS NA COMUNICAÇÃO

Acredito que neste ponto já tenha ficado claro que o objetivo aqui é o desenvolvimento de consciência comportamental e não de controle. Ninguém aguenta nem quer ficar controlando o tempo todo a forma como se comunica, isso não impede que haja consciência dela. Portanto, em momentos nos quais você deseje despertar ou se aprofundar em sua feminilidade, mantenha-se um passo atrás na comunicação.

Deixe que o outro determine os rumos da conversa. No que tange à proposição e à condução do assunto, à densidade e a quantidade de informação compartilhada, bem como ao tom, volume e ritmo da voz, como simplifica a Dra. Pat Allen, em uma escala de 0 a 100, se ele se comunica a 100, você se comunica a 95. Você pode vir a se surpreender e até mesmo preferir o desfecho que a conversa vai ter nesse caso.

## RECONHEÇA O VALOR DE SEGUIR

As referências sistêmicas neste livro são influência da obra de Bert Hellinger, filósofo, teólogo, pedagogo, psicanalista, autor de diversos livros e uma das figuras-chave do mundo psicoterapêutico. Criou sua própria terapia sistêmica familiar, que é amplamente reconhecida e aplicada pelo mundo alcançando incríveis resultados.

No livro *Ordens do Amor*, Hellinger afirma: "A mulher segue o homem, e o homem deve servir ao feminino"[25]. Segundo ele, quando o homem segue a mulher surgem tensões e o relacionamento não se realiza plenamente. Vale ressaltar que no decorrer dos anos de experiência, Hellinger não fazia mais afirmações tão categóricas. Mesmo deixando claro que cada situação é única, que se refere à regra que observa em sua atuação profissional e abordando exceções, afirmações categóricas podem facilmente ser mal interpretadas e darem vazão a frias generalizações, que impedem a observação pura, cerne do trabalho terapêutico.

Reconheço que para algumas pessoas a afirmação citada pode soar polêmica, mas não parece acertado simplesmente descartar as observações de uma figura com a envergadura profissional de Bert Hellinger. Por isso, faço um convite para que quem rejeitou as premissas apresentadas permita-se colocar suas ideologias brevemente de lado, para uma reflexão pura do direcionamento para o qual aponta Hellinger. Como tudo neste livro, a ideia é que você reflita e veja até que ponto isso faz sentido dentro do relaciona-

---

[25] Hellinger, B. *Ordens do Amor*, Ed. Cultrix, 2003.

mento que tem ou planeja ter. E para que uma reflexão seja pura, antes precisamos deixar de lado ideias preconcebidas, só assim podemos refletir honestamente de que forma isso se aplica na nossa vida.

Caso você se permita a essa sincera reflexão, verá que há sabedoria e completeza na dinâmica em que um segue e o outro serve. O feminino é o fluxo da vida, o masculino é a direção. Não há algo menor em seguir nem maior em guiar e servir. Não há ordem de importância nessa dinâmica, ambos são fundamentais. O feminino não segue por ser incapaz ou inferior, segue por contar com a capacidade do masculino de guiar. Ele prioriza o cuidado com a dimensão material da vida zelando pelos sentimentos dela, para que ela possa priorizar a dimensão sutil.

No livro *A Simetria Oculta do Amor*, Bert Hellinger afirma[26]:

> Muitas mulheres se surpreendem ao descobrir o profundo alívio, a grande satisfação e a tranquilidade que sentem espontaneamente quando o sistema familiar adquire simetria e elas, com toda a naturalidade, seguem um marido que está verdadeiramente a serviço da família. Os homens, por sua vez, experimentam uma estranha transformação quando seus serviços são reconhecidos e devidamente valorizados.

Como já mencionado, esses papéis não são cristalizados. Haverá ocasiões em que a mulher vai querer ou vai

---

[26] Hellinger, B. *A Simetria Oculta do Amor*, Editora Cultrix, 2012.

precisar guiar, como em um momento de dificuldade do homem, por exemplo. Ao assumir o papel de guia, há alguns pontos que são válidos que a mulher tenha em mente. O primeiro é que a faculdade de guiar só é nobre quando acompanhada da responsabilidade de servir. E quem segue, só o faz verdadeiramente quando respeita o seu guia. O segundo é manter a percepção aguçada para compreender quando é a hora de sutilmente retirar-se do papel de guia. Pode acontecer de a mulher deixar que um momento de dificuldade abale a confiança que ela deposita em seu homem. Essa insegurança não a permite devolver o controle a ele, e ela o assume a ponto de se esgotar. A questão é que a confiança que a mulher tem no homem influencia diretamente na capacidade dele de fazer jus a ela. É importante lembrarmos que um momento de dificuldade não desqualifica a pessoa, antes pelo contrário, se acompanhado de reflexão, aprendizado e humildade, até a torna ainda mais capaz.

Outro ponto é que a mulher pode gostar tanto do respeito que acompanha a faculdade de guiar que não quer mais devolver a posição. Isso, em si, não é um problema. Caso ambos estejam satisfeitos e realizados com as novas posições, ótimo. Mas o que costuma acontecer é que a mulher que prioriza o feminino perde a atração pelo homem que predominantemente se submete a ela. Bem como o homem que prioriza o masculino perde a atração pela mulher que constantemente desafia a sua masculinidade. Nesse caso, cabe à mulher decidir se valoriza mais a relação ou a posição de guia.

O masculino é o poder externo e o feminino é o poder interno. Nenhuma conquista material será plena sem a conquista espiritual que o feminino proporciona. E isso é válido tanto individualmente quanto relacionalmente.

É sábia a faceta da natureza de os opostos se atraírem, porque, de fato, eles se complementam. Com essa afirmação eu não quero dizer que encontraremos nossa completude no outro. Isso só pode ser encontrado nos níveis mais elevados da nossa consciência. O relacionamento pode ser um caminho para essa realização, que se dá quando transcendemos a dependência do outro, o que, paradoxalmente, ocorre através do relacionamento com ele.

## SAIBA QUANDO PEDIR OPINIÃO E QUANDO PEDIR COMPREENSÃO

Uma dinâmica normal no formato de conversa entre mulheres é a troca de opiniões e conselhos. É natural para as mulheres pedirem e darem conselhos e elas não costumam se importar tanto quando sua posição não é considerada.

Essa dinâmica, transferida para o relacionamento entre homem e mulher pode, algumas vezes, não funcionar tão bem. Isso porque homens são majoritariamente programados para resolver problemas utilizando a razão, o lado esquerdo do cérebro, ou seja, diante de um problema irão racionalmente buscar a solução, não necessariamente considerando questões emocionais envolvidas. Nas mulheres, tipicamente, a interação entre os lóbulos cerebrais ocorre de forma diferente, o que as permite considerar aspectos emocionais mais facilmente. Dessa forma, elas costumam identificar melhor quando alguém precisa de um conselho ou quando precisa de um abraço.

Quando uma mulher está emocionalmente abalada com algo que aconteceu em sua vida – pode ser um erro que ela acredita que cometeu, um problema no trabalho ou um desentendimento com alguém, por exemplo –, no momento em que está passando pelo tormento emocional, muitas vezes ela procura ajuda não por estar buscando soluções, mas sim compreensão e acolhimento.

Caso o homem não saiba disso, ele prontamente vai apresentar as melhores soluções que conseguir encontrar para que ela resolva logo o problema e não sofra mais. Ele tem a melhor das intenções, quer que ela pare de sentir-se mal e a ajuda da melhor forma que acredita que pode. Mas isso, aos ouvidos da mulher emocionalmente abalada, pode soar como se ele estivesse ignorando o que ela está sentindo ou minimizando o problema, o que dá chance para desentendimentos que podem ser facilmente evitados. Basta que ela, reconhecendo que está emocionalmente sentida, comunique a ele que quer desabafar e que, naquele momento, gostaria apenas que ele a escutasse, oferecendo compreensão e acolhimento.

Saber o que ela busca dele e poder oferecer isso a ela vai ser gratificante para ele, tanto quanto racionalizar a solução seria. Basta um ajuste na vela da comunicação para que ambos saiam satisfeitos.

Outro caso é se a mulher estiver emocionalmente tocada por algo diretamente relacionado ao parceiro. Nessa situação, a não ser que seja um mestre zen, será muito difícil para ele apenas escutar e oferecer carinho e compreensão.

Sendo assim, reconhecendo que se encontra emocionalmente abalada por algo relacionado a ele, como já mencionado no capítulo Abordagem Feminina de Gestão de Conflitos, o ideal é que ela se concilie com seus sentimentos antes de levantar o problema. Caso precise de ajuda, procure uma amiga ou terapeuta para encontrar clareza antes de levar a questão a ele, assim será mais provável que ela se comunique de forma que uma solução será encontrada, ao invés de um desentendimento.

Cotidianamente, sobre a dinâmica que às vezes as mulheres adotam para trocar ideias, na forma de pedidos de opiniões e conselhos, não custa ajustar a linguagem para ele quando a sua intenção com o conselho for "pedir por pedir" e não perguntar porque você realmente quer saber. Caso já tenha uma solução elaborada, em vez de perguntar qual seria a dele, diga a sua e pergunte o que ele acha. Se realmente quiser o conselho ou a opinião dele, mas não concordar com a solução apresentada, não precisa bruscamente rejeitar. Responda com carinho, procurando apontar o que de positivo você pode tirar e agradecendo.

Para ele, pode ser frustrante quando você simplesmente descarta ou desqualifica a opinião que ele se empenhou para dar. Não ser capaz de objetivamente colaborar para a solução de um problema apresentado frustra o masculino. Sabemos que ele não vai morrer por causa disso, mas, com esse entendimento, por que não falar de uma forma que o faça sentir-se valorizado?

## DEMONSTRE CONCORDÂNCIA E RESERVE DISCORDÂNCIA

Muitas vezes, nossos parceiros fazem ou falam coisas que consideramos corretas, interessantes, pertinentes e apropriadas, mas nem sempre comunicamos isso a eles. Ter suas ações e ideias valorizadas fortalece o masculino; sabendo disso, aproveite.

Quando ele falar ou fizer algo que para você esteja certo, faça sentido ou seja uma boa ideia, fale isso para ele. Não precisa, necessariamente, ser com palavras, pode ser através de um olhar de apreço, um sorriso ou um toque carinhoso, não importa como, manifeste sua concordância de maneira que ele a entenda. Caso venha a calhar que isso ocorra publicamente, ainda melhor, desde que não seja uma atitude forçada. Elogios sinceros, especialmente os emitidos publicamente, são como combustível para o masculino.

O oposto é igualmente verdadeiro – sentir suas ações ou ideias desvalorizadas enfraquece o masculino. Sabendo disso, caso ele faça ou fale algo que você não concorda, investigue internamente se precisa mesmo se manifestar, principalmente em público. Mais uma vez, vamos nos deparar com nosso ego, que sempre vai achar necessário demonstrar que sabe mais, seja com uma ação ou com uma opinião contrária. Ancorada em sua feminilidade, a mulher compreende que o silêncio fala.

É claro que haverá momentos em que, de fato, será necessário manifestar discordância. Isso não só faz parte como é vital para o relacionamento. Saber expressar, negociar e acomodar as diferenças é um dos fatores que torna melhor juntos aqueles que se envolvem nesse processo de transformação mútua. A questão a ser observada é a forma como isso é feito. Utilizar sarcasmo, agressividade ou embate público para manifestar uma posição contrária não costuma ser um formato que fortalece a união.

Caso a manifestação de discordância venha do coração e não do ego, ela será uma contribuição válida que merece ser compartilhada. A sugestão é que isso seja feito de forma consciente para que o outro não se sinta diminuído ou desrespeitado.

## NÃO MINE A MASCULINIDADE DELE

Existem atitudes que, dependendo da forma como são realizadas, fazem o homem, consciente ou inconscientemente, sentir a sua masculinidade minada. São exemplos: interrompê-lo, cortá-lo, completar o raciocínio dele, corrigi-lo, criticá-lo ou depreciá-lo, principalmente em público.

É óbvio que isso não quer dizer que em qualquer situação que uma mulher tenha alguma dessas atitudes ela estará minando a masculinidade do homem; há uma diferença entre interagir dentro de uma conversa harmoniosa e ser invasiva ou ofensiva, e essa diferença pode ser sutil.

Quanto mais íntimo e alinhado, melhor o casal sabe até onde pode ir sem invadir o espaço um do outro. O convite é que você fique atenta para se seu objetivo é contribuir positivamente com ele ou se o seu objetivo é exibir superioridade intelectual ou moral, escolhendo manifestar-

-se no primeiro caso e silenciar-se no segundo. Mais um desafio para o ego que sempre acredita que suas observações invasivas e depreciativas são, na verdade, uma contribuição para o outro.

Isso enseja uma discussão que independe de gênero ou de preferência energética. Uma pessoa não deve fazer comentários depreciativos sobre o seu parceiro em público e ponto. Talvez, na intimidade da relação ou de um consultório terapêutico, algo que pode soar depreciativo precise ser dito para o encontro de equilíbrio e harmonia dentre as características e atitudes dos parceiros, mas isso jamais deveria ser feito em público, estando ele presente ou não. Não só por ter o potencial de ferir os sentimentos ou a imagem do parceiro depreciado, mas por denegrir e manchar a relação em que ambos se encontram por vontade própria, com a pessoa que escolheram. Todos são passíveis de agir ou falar de maneira equivocada, inapropriada ou mesmo ridícula; o papel do parceiro é colaborar para que o outro possa enxergar quando está se prestando a um papel que não lhe favorece, e não o de julgá-lo, depreciá-lo ou ridicularizá-lo. Tais atitudes ferem a natureza sagrada da relação.

## SEJA A MULHER DELE

A mulher não é a terapeuta, não é a *coach*, não é a filha e, principalmente, não é a mãe. Assumir o papel materno envolve: mimar, acalentar, proteger, aconselhar, interrogar e fazer exigências. Muitas dessas atitudes, tidas como maternais, podem ser interpretadas apenas como uma demonstração de amor. Muitas vezes é exatamente isso que são, mas trata-se de uma forma de expressar amor que enfraquece o masculino, ao invés de fortalecê-lo. Alguns homens podem estar acomodados na posição em que demandam cuidado ou proteção de uma mulher, mas dificilmente estarão realmente à vontade nesse papel e muito menos se sentindo realizados.

Segundo a Dra. Pat Allen, mesmo para um menino essa abordagem pode ser prejudicial. O ideal para o desenvolvimento da masculinidade é que no lugar de acalento, extraproteção e demandas, os pais ofereçam escolhas para que ele possa se sentir agente do seu destino e não uma passiva e indefesa criança dependente de proteção.

Por exemplo, o menino chega em casa emburrado e em silêncio vai para o quarto. A mãe pode abordá-lo com algo do tipo: "Meu filho, o que aconteceu? Conta para a mamãe poder te ajudar. Você está bem? Quer um lanchinho?", e por aí vai... ou, ela poderia simplesmente informá-lo: "Se você precisar conversar eu estou aqui, ok?". Por vezes, os meninos nem respondem bem à abordagem que a nossa cultura classifica como maternal. Com essa postura, eles estão requerendo o direito à masculinidade deles. Obviamente, o mesmo tratamento pode ser oferecido às meninas quando o objetivo for o desenvolvimento da expressão do masculino delas. Assim como acolhimento e aprovação não devem ser negados ao menino que busca pelo afago dos pais. Como repetidamente mencionado, o indivíduo só experiencia plenitude quando tem desenvolvidas todas as potencialidades do seu ser.

Tratando-se de adultos em uma relação romântica, com a melhor das intenções, por vezes a mulher pressiona o homem para que ele compartilhe seus sentimentos ou vulnerabilidades. Não é papel da mulher inquirir os sentimentos do homem. Caso ele queira e sinta-se à vontade, ele irá compartilhar isso com ela. Nesse caso, ela deve resistir à tentação de achar que tem a solução para o problema dele ou de tentar resolvê-lo por conta própria. Nesse caminho, ela corre sério risco de assumir o papel de terapeuta ou de mãe dele, retirando-se do papel de mulher. Quem se sente atraído por parceiras que estão no papel de "mãezonas" são meninos, independentemente da idade que tenham.

Outro caso é o de eternas meninas que buscam no relacionamento a posição de "filhinha do papai", esperando que o parceiro exerça o papel que compreendem como paterno e não o papel de homem. Mulheres que adotam esse padrão de comportamento agem de maneira indefesa e infantilizada, esperam ou demandam que o parceiro resolva seus problemas sem que elas tenham que contribuir para a solução e acreditam ser essa uma obrigação dele.

Nas palavras de Bert Hellinger, no livro *A Simetria Oculta do Amor*[27]:

---

[27] Hellinger, B. *A Simetria Oculta do Amor*, Editora Cultrix, 2012.

Se o homem continua a ser um filho em busca de uma mãe e a mulher continua a ser uma filha em busca de um pai, suas relações, embora possam ser intensas e afetuosas, não são relacionamentos de homens e mulheres adultos. [...] Parceiros que se juntam com esses objetivos em vista não consolidam uma união capaz de resistir a crises graves. [...] O amor é limitado da mesma maneira quando um parceiro age com o outro valendo-se da autoridade paterna, tentando educá-lo, melhorá-lo ou ajudá-lo. Todo adulto já foi educado e sabe como comportar-se, de modo que qualquer tentativa para repetir a lição está fadada a prejudicar o amor. [...] A maioria dos conflitos de poder em relacionamentos íntimos ocorre quando um parceiro insiste em tratar o outro como filho, mãe ou pai.

## DEIXE-O RESOLVER OS PRÓPRIOS PROBLEMAS

Uma mulher altamente feminina, acompanhada de um homem altamente masculino, nem pensa que precisa tentar resolver os problemas dele. Ela confia que ele pode fazer isso e, em vez de conselhos, oferece respeito e afeição.

Se realmente sentir que pode contribuir, ela irá. A mulher feminina sabe muito bem como fazer isso sem deixar que ele se sinta diminuído ou considere que seus pensamentos e ações foram desrespeitados. Ela não disfarça demandas e críticas como conselhos. Quando o suposto conselho envolve uma crítica à forma como ele está lidando com o assunto, vai soar como uma demanda por mudança de comportamento e, muitas vezes, é.

Por exemplo, ele está desempregado e comunica a ela a insatisfação com essa situação. Ela, em resposta, lista tudo que considera que ele está fazendo de errado e dá sugestões de melhoria, como: "Seu currículo não é bom, conheço fulano que é ótimo com currículos, posso te apresentar", e "Suas roupas não estão adequadas, posso ir com você comprar novas", ou ainda, "É que você fica nervoso na entrevista, sei de uma coisa que pode te acalmar". Essa mulher pode ter a melhor das intenções, mas não está ajudando. Ela está mandando a mensagem que não só desaprova a forma como ele está lidando com o assunto, como também sabe um jeito melhor de fazê-lo. Isso fere a masculinidade dele e é desta que ele vai precisar para conseguir um emprego.

Em vez disso, ela poderia dizer algo como: "Eu compreendo que você esteja preocupado com esse assunto, mas também sei que você vai conseguir resolvê-lo. Tem hora que parece complicado, mas eu sinto que a gente vai sair juntos dessa ainda mais fortalecidos. Eu confio na sua capacidade de conseguir, afinal, quem não iria querer contratar um homem tão..." seja lá quais forem as qualidades que ela veja nele.

Caso realmente ela sinta que deva, e se ele der abertura, ela pode mencionar algo que acredite que irá contribuir, mas não faz isso em um momento de vulnerabilidade dele, nem menosprezando o que ele já tem ou é agora.

## PERMITA-SE RECEBER E RECEBA COM GRATIDÃO

Algumas mulheres acreditam que estão conquistando um homem ao fazer e dar coisas para ele, ou quando recusam alguma oferta que seria trabalhosa ou onerosa para ele. Mas, aos olhos do masculino, ela se torna mais atraente quando recebe dele do que quando dá. O masculino se fortalece ao dar e o feminino se fortalece ao receber.

Sabendo disso, aceite tudo o que ele quiser lhe dar e permita que ele faça tudo o que quiser fazer por você. Só há uma importante exceção: de tudo o que ele oferecer, você só aceita o que lhe fizer se sentir bem, caso contrário, decline e agradeça gentilmente. A mulher feminina não aceita algo para agradar o homem se isso, de alguma forma, fere os sentimentos dela. Sendo feito com gentileza, colocar os sentimentos do feminino em primeiro lugar é manifestação de respeito ao masculino. O masculino serve ao feminino que o segue.

Em uma situação extrema, esse ponto fica óbvio. Por exemplo: ele lhe oferece uma comida à qual você é alérgica. Aquilo não vai lhe fazer bem, então, você declina e agradece. Em outras situações, esse ponto pode não ser tão claro. Por exemplo: ele lhe oferece algo para comer, mas aquilo está fora da dieta que você está seguindo. Nesse caso, antes de agradecer a oferta, vale sintonizar o quanto lhe dar aquilo é importante para ele. Dependendo do quanto, a satisfação em receber dele vale um desvio na dieta, dependendo, não. Só é possível saber diante do olhar sincero da situação que se apresenta para você. Se olhar apenas querendo agradá-lo ou apegada a uma conclusão da sua cabeça, não vai conseguir ver.

Esse simples exemplo aponta para um dos pontos cruciais da feminilidade conforme abordada aqui, que reside no encontro do balanço entre a valorização do feminino e do respeito ao masculino.

Com essa importante ressalva observada, abra-se para receber. Embora possa ser, não há necessidade de que seja algo grandioso; os menores agrados podem exercer grande efeito.

Uma mulher que eu atendi, utilizando a abordagem da *Comunicação Energética da Feminilidade*, contou que, um dia, o homem com quem ela estava recentemente saindo parou em uma loja de conveniência para comprar algo que ele precisava enquanto ela esperava no carro. Ele disse que iria trazer um chocolate para ela, que, sem entender bem o porquê, recusou a oferta. Ele insistiu e perguntou a preferência dela, que finalmente aceitou, mas escolheu uma opção difícil de ser encontrada e disse isso a ele. Fato é que ele achou o tal chocolate. Ela contou que ver a satisfação dele ao conseguir oferecer o que ela queria foi melhor do que qualquer sobremesa.

Um ponto de atenção, especialmente para casais que estão juntos há mais tempo, é receber com gratidão o que ele oferece. Algumas mulheres que reclamam dizendo que têm que fazer tudo na casa, podem observar se realmente aceitam e como recebem o que o homem faz. Às vezes, ele está disposto a participar, mas ela não deixa porque considera que ele não vai fazer ou vai fazer mal feito, então ela faz na frente. Experimente deixar ele fazer e não interfira. Com certeza não ficará igual ao que você faria, então procure achar qualidades na forma como ele fez. Demonstre apreço pelo que ele faz, da forma como ele faz.

Caso realmente não goste do que ele fez ou ofereceu, procure pontos positivos para apontar. Por exemplo, ele troca a roupa do filho e faz uma escolha bem diferente da que você consideraria a melhor opção. Mas você gosta do sapatinho que ele escolheu. Esse pode ser o comentário que você vai compartilhar. Ou, se ele a leva ao cinema e você não gosta do filme, pode mencionar uma cena ou imagem que achou interessante. É claro que você também vai compartilhar as suas preferências, só não faz isso menosprezando as dele.

Segundo o especialista em relacionamentos John Gray, o homem se sente diretamente ofendido quando a mulher critica algo que ele ofereceu. Sabendo disso, você pode formular seus comentários de uma maneira que soe mais delicada. Quanto maior a intimidade e a sintonia que o casal adquire, mais fácil fica saber o ponto certo dessa medida e mais amplitude ela ganha; só vale ficar atenta para não confundir intimidade com licença para indelicadeza ou grosseria.

Caso queira algo que ele não esteja proporcionando, comunique seus sentimentos com respeito e diga o que você quer, perguntando o que ele pode fazer a respeito. Não exigindo, demandando ou impondo que ele faça. Ele decide o que dá, faz ou deixa de fazer. Você pode aceitá-lo ou rejeitá-lo, mas não tentar controlar os rumos da ação dele. Usar autoridade, barganha, manha ou chantagem para conseguir o que quer não é uma expressão saudável da vontade e não vai levá-la pelo caminho que estamos apontando aqui.

Outro ponto de atenção é não tratar como se fosse uma obrigação dele lhe servir. Apreço e gentileza não deixam de ser bem-vindos só porque vocês assumiram um compromisso, na verdade, isso deveria ser motivo para redobrar o cuidado com esses aspectos. Sentir suas ações genuinamente apreciadas alimenta o masculino, assim como fazer algo por alguém. Quanto melhor alimentado estiver o masculino nele, melhor servido estará o feminino em você.

## DÊ UM POUCO MENOS DO QUE RECEBEU

O feminino dá mediante conquista. Como ensina a Dra. Pat Allen, você espera até ele dar e depois dá em retorno, sempre um pouco menos do que recebeu.

Esclarecendo que quando se fala em dar e receber não se trata apenas de bens materiais. Trata-se também de tempo, carinho e prazer, por exemplo. Tudo isso pode ser usado como "moeda de troca" na dinâmica do dar e receber.

Em um conteúdo com influência sistêmica, seria impossível falar em dar e receber sem citar as Ordens do Amor descritas por Bert Hellinger. Segundo ele, para que o amor dê certo não basta amar, é preciso que o amor esteja em ordem. As Ordens do Amor são: pertencimento, hierarquia e dar e tomar. Veja uma síntese sobre cada uma delas:

- **Pertencimento:** todos têm direito de pertencer, portanto, a exclusão de uma pessoa do sistema gera consequências. Por exemplo, em um casal, caso um dos dois tenha terminado mal um relacionamento anterior, enganando, ferindo ou simplesmente excluindo a outra pessoa sem que haja uma devida reconciliação, um integrante das gerações posteriores do novo sistema poderá representar a pessoa excluída do sistema anterior. Ou seja, irá expressar sentimentos que são dela, podendo até mesmo repetir o seu destino para que assim ela pertença.

- **Hierarquia:** quem chegou antes em um sistema tem precedência sobre quem chegou depois. Por exemplo, os pais são hierarquicamente superiores aos filhos, dessa forma, caso um filho aja como pai de seus pais ou se coloque entre eles, há desordem no sistema. Em um casal não há hierarquia, visto que ambos chegaram juntos ao sistema, mas um relacionamento anterior é hierarquicamente superior ao atual. Isso significa que ele tem precedência, não prioridade. De toda forma, caso um integrante do relacionamento atual não reconheça, respeite ou queira tomar o lugar de um integrante do relacionamento passado – por exemplo, a madrasta que quer tomar o lugar da mãe –, haverá distúrbios no sistema.

- **Dar e tomar:** é necessário que exista equilíbrio entre dar e tomar. Receber é tão importante quanto dar. A questão aqui é a retribuição. Quem recebe quer retribuir e, ao dar, recebe de volta; essa dinâmica se retroalimenta e o relacionamento flui. A capacidade de receber influencia e amplia o desejo de dar. A medida do dar não deve ultrapassar o que o outro pode ou quer retribuir, nesse caso haverá disparidade na troca e o relacionamento sofrerá as consequências. Quem só dá o faz para se sentir superior e evitar ser vulnerável. Quem só recebe se ressente e tende a se afastar de quem dá para aliviar o peso da culpa.

As dinâmicas das Ordens do Amor não ocorrem conscientemente. Não adianta dizer: essa pessoa mereceu ser excluída, o que ela fez foi imperdoável; ou, os filhos precisavam saber os motivos da desavença dos pais; ou, eu sou muito generosa, não me importo em dar sem receber. O nível de consciência no qual operam as Ordens do Amor não se importa com a sua opinião. O sistema encontrará uma forma de restabelecer o equilíbrio perdido pela inobservância da ordem, queira a pessoa ou não.

Em relação à ordem do dar e tomar, a questão a ser observada da perspectiva das polaridades energéticas é o que se dá e como. Esse ponto não está vinculado ao volume do dar e receber, que quanto maior, mais abundância e felicidade gera ao casal que se envolve reciprocamente nessa dinâmica. O ponto está relacionado à forma. Retribuir de maneira que a posição do masculino e a do feminino sejam preservadas.

Por exemplo, uma mulher acaba de se mudar e seu namorado, que é muito habilidoso com reparos da casa, dá a ela um suporte fundamental. Ele fez questão de ver se tudo estava funcionando perfeitamente, consertou um pequeno vazamento, fixou quadros, instalou lustres, além de auxiliá-la com a mudança em si e com a montagem dos móveis. Extremamente agradecida, ela resolve retribuir com uma quantia em dinheiro equivalente ao que ela gastaria de mão de obra caso tivesse contratado um profissional especializado.

Nesse contexto, essa forma de retribuição não valoriza a posição do masculino nem a do feminino. Em vez de pagar pelo que ele proporcionou ela poderia, por exemplo, preparar um jantar com algo que ele adora, comprar uma ferramenta ou um objeto que seja significativo como presente e proporcionar a ele uma noite inesquecível na nova casa. Retribuindo dessa forma, ele se sente valorizado como homem e ela como mulher.

De acordo com Hellinger, a paridade entre dar e receber deve ser observada para que haja ordem no amor. No meu entendimento, retribuir respeitando a posição do masculino e receber valorizando a posição do feminino não ignora essa paridade, a cumpre.

Não custa ressaltar que esse é apenas um exemplo que simboliza o que está sendo sugerido. Como já foi dito, o encontro do equilíbrio entre um casal só pode acontecer na prática, através da sincera observação das necessidades específicas da consciência de cada um e do fluxo íntimo da relação, o que, muitas vezes, envolve o abandono de crenças e de padrões aprendidos socialmente e na família de origem de cada um deles.

Da perspectiva sistêmica, não se trata de uma relação entre duas pessoas, trata-se de uma relação entre dois sistemas. Portanto, ser capaz de, com respeito e gratidão, deixar regras da família de origem que não fazem sentido para o casal e constituir outras que regerão o novo sistema é crucial para o sucesso do relacionamento.

É importante que fique claro que a medida da igualdade em uma relação não é encontrada através de um senso frio de justiça, mas sim quando ambos compartilham um sentimento íntimo de equilíbrio e de satisfação, independente se isso é encontrado em um formato que contradiga a noção de justiça de qualquer pessoa que não faça parte do casal. A relação justa é aquela que encontra equilíbrio e satisfação mútuos, independentemente de como o casal resolveu configurar os arranjos do relacionamento.

A ordem do dar e tomar também é válida quando um parceiro faz algo que fere o outro. Caso decida manter o relacionamento, o parceiro lesado deve retribuir o dano com uma ação que equilibre o prejuízo sofrido. Caso a retaliação seja maior que o dano, o outro se sentirá no direito de responder e o ciclo nocivo se renova podendo perpetuar a relação nesse padrão. Para cessar o intercâmbio negativo, a retaliação há de ser um pouco menor que o dano sofrido. Não é vingança, é compensação. Restaura a dignidade tanto de quem sofreu o dano quanto de quem o causou. Caso o parceiro lesado permaneça na posição de vítima e se recuse a replicar o dano, o equilíbrio se torna impossível e o relacionamento é ameaçado.

Não planejo aqui abordar as Ordens do Amor de maneira aprofundada. Caso queira saber mais sobre o tema, há inúmeros livros, inclusive, escritos pelo próprio Hellinger. Meu objetivo é apenas citá-las simplificadamente e integrá-las ao conteúdo para esclarecer que, no contexto apresentado, a sugestão compartilhada não fere a ordem do dar e tomar.

Retribuir respeitando a posição do masculino demanda uma sutileza que é típica do feminino. Mesmo estando orientado aqui como "dar um pouco menos", como visto, está mais relacionado à forma do que ao volume. A abertura e graciosidade com que se recebe do masculino também é uma espécie de retribuição para ele.

Fique atenta caso um homem espere receber de você mais do que ele lhe proporciona, provavelmente trata-se de um menino procurando preencher o lugar que ele acha que era da mãe. Eternos meninos não assumem nem reconhecem o valor da masculinidade. Caso se encontre em um relacionamento com um, sua mudança de postura pode incentivar que ele finalmente amadureça.

## APRECIE-O

Busque por motivos para apreciar o homem que está ao seu lado ou a energia masculina que se manifesta na sua vida.

Caso não esteja em um relacionamento, aprecie e aceite a energia masculina que se manifesta para você. Alguém que se ofereça para carregar suas compras, acompanhá-la até o carro ou emprestar-lhe um casaco, por exemplo. Caso um homem pelo qual você não esteja interessada se aproxime, trate-o com respeito e consideração, não o iluda para alimentar seu ego nem seja rude para afastá-lo. Não é necessário ser grosseira só porque não se interessou por ele. Um homem precisa de coragem para se aproximar de uma mulher expondo-se ao risco de ser rejeitado; o mínimo que você pode oferecer em troca é a consideração de ser gentil e delicada ao declinar o interesse.

Estando em um relacionamento, procure por motivos para apreciar, elogiar e fazer comentários positivos sobre ele. Aprecie o que lhe atrai nele, as qualidades que você admira e o que ele faz por você, pela família e pelo lar. Especialmente em relações longas, características atrativas e ações positivas podem vir a ser tomadas como devidas e deixarem de ser apreciadas. É importante valorizar o que o outro faz por você e se lembrar das características que lhe atraíram no princípio, bem como descobrir novas à medida que as pessoas e o relacionamento evoluem.

É bom se atentar para não exagerar, principalmente para quem está no início do relacionamento, quando as características positivas são naturalmente acentuadas e a medida do tom da conversa ainda está sendo descoberta. Lembre-se, se ele comunica a 100, você comunica a 95. Se a apreciação passar do ponto, perde o valor.

Ao demonstrar apreço seja sincera. Se não vier do coração ele vai saber mesmo se fingir que acreditou. Além disso, usar algo que não é verdadeiro para tentar "agradar" o masculino não é coisa que o feminino faria estando em seu templo. No templo da feminilidade, a mulher sente prazer em destacar os atributos que admira no seu homem. Ela gosta do efeito que um elogio sincero ou um olhar de apreço causa nele e faz uso disso. Napoleon Hill, em seu aclamado livro *Pense e Enriqueça*[28], no capítulo "Os Mistérios da Transmutação Sexual", afirma:

> Homens que acumularam grandes fortunas e conquistaram alto nível de reconhecimento em literatura, arte, indústria, arquitetura e profissões, eram motivados pela influência de uma mulher.

A apreciação feminina é importante para a prosperidade material do masculino, assim como o desejo da mulher é importante para a prosperidade sexual do parceiro. Como brilhantemente conclui a Dra. Pat Allen, o homem produz para o apetite da mulher.

A sincera apreciação de uma mulher pode acelerar economicamente um homem de forma como um conselho jamais faria. Assim como um olhar encharcado de desejo o atiça como um decote ousado jamais iria.

Obviamente, as mulheres também se beneficiam do apreço sincero de seus parceiros. Estar com um homem que incentiva, enxerga e acredita nos seus sonhos, impulsiona a mulher a realizá-los. Há homens que não ficam confortáveis com parceiras que têm alto grau de desenvolvimento intelectual ou de desempenho profissional. Isso acontece porque o sucesso delas os faz sentir-se diminuídos, por isso eles preferem se nivelar por baixo. Algumas mulhe-

---

[28] Hill, N. *Pense e Enriqueça* (trad. Gabriel Zide Neto), Editora BestSeller, 2019.

res se diminuem para encaixar-se nos padrões de um homem. Desnecessário dizer que isso jamais deveria ocorrer. Um homem ancorado no sagrado de sua masculinidade não se sente intimidado pelo sucesso de sua mulher. Pelo contrário, ele o admira, o apoia e o almeja com ela.

## PRESERVE SUA INDIVIDUALIDADE

Como mencionado no princípio, é a polaridade energética que desperta atração sexual entre um casal. Os opostos se atraem, mas são os semelhantes que ficam juntos a longo prazo. Conciliar esses aspectos dentro de uma relação é um desafio que muitos casais conhecem bem. Quanto maiores as semelhanças compartilhadas – mesma casa, mesma rotina, mesmas pessoas, mesmos assuntos –, menor pode ser a atração sexual entre eles.

A boa notícia é que recriar a química é bem mais simples do que criar compatibilidade. É mais raro encontrar alguém com quem você compartilhe valores, visões de mundo, metas e confie o suficiente para decidir compartilhar uma vida, do que alguém com quem você simplesmente esteja disposta a compartilhar a cama. Pense bem antes de abandonar uma relação de cumplicidade por questões químicas. A ciência da boa parceria é mais difícil de desvendar. Se os dois estiverem dispostos a tentar, reativar a química sexual pode ser mais fácil do que parece.

Uma das grandes referências no assunto é a especialista em intimidade e professora de Tantra, Michaela Boehm. Tantra é uma tradição milenar, vinda do hinduísmo e do budismo, que ensina o envolvimento e o relacionamento com a vida através do corpo, impelindo a criação de intimidade com a vida em seus aspectos físicos, envolvendo tudo que o corpo faz, não apenas sexo. Encontrar prazer através do corpo, abordando ritualmente todas as funções que ele oferece, isso é Tantra de acordo com a interpretação adotada aqui.

O Tantra foi recebido no Ocidente enaltecendo os aspectos sexuais da sua abordagem e, por muitas vezes, desvirtuando os ensinamentos milenares nos quais se baseia. Sendo assim, caso deseje se aprofundar na tradição tântrica, escolha bem o seu guia. Tudo o que é tântrico desperta Afrodite, que habita no presente e está envolvida nas experiências sensoriais e sensuais do corpo. Convidar esse aspecto para a nossa vida é convidá-la.

Em seu livro *The Wild Woman's Way*[29], Michaela Boehm ensina estratégias para nos voltarmos para o corpo, e sermos capazes de ouvir as mensagens que ele passa e de desfrutar do simples prazer de estarmos vivos. Em sua larga atuação profissional, Michaela se especializou em ensinar formas através das quais o casal pode reacender a atração sexual entre si, muitas das quais envolvem, basicamente, a criação de polaridade energética, ou seja, de diferenças. Tudo que já foi dito até aqui contribui nesse sentido. O ponto agora é a preservação da individualidade.

---

[29] Boehm, M. *The Wild Woman's Way: Unlock Your Full Potential for Pleasure, Power, and Fulfillment*, Ed. Atria, 2018.

A sugestão é que cada um reserve regularmente um tempo para passar momentos separados do outro, nos quais cada um vai cultivar a sua individualidade, alimentando a energia oposta da que quer ver manifestada no parceiro. Para fertilizar a sua feminilidade, a mulher deve procurar fazer coisas cuja única função seja lhe dar prazer. Por exemplo, praticar ou apreciar arte, música, dança, ler romances, estar na natureza, cuidar de si mesma, da sua beleza, do seu corpo e de sua alma – sua única obrigação deve ser se deliciar. Estar com amigas também cultiva a feminilidade, desde que a mulher aproveite esses momentos para relaxar, conversar fiado, rir, dançar, elogiar uma à outra e reforçar seus vínculos. Mas não para falar de questões práticas relacionadas aos filhos, à casa, ao trabalho ou reclamar do parceiro.

Quando a mulher está envolvida nas atribuições da casa ou do trabalho, pensando, fazendo, resolvendo, conquistando, ela não está em seu corpo, está em sua cabeça. Para ser capaz de se envolver em uma relação sexual prazerosa, a mulher precisa, antes, voltar sua energia para o seu corpo. Isso já foi abordado aqui no tópico A Hora da Deusa. Para incorporar essa energia, a mulher começa com autoamor e autocuidado, e se aprofunda para a reconexão íntima com a sua sensibilidade, sensualidade e sexualidade.

Clarissa Pinkola Estés, em seu consagrado livro *Mulheres que Correm com os Lobos*, diz:

A mulher precisa ter o cuidado de não permitir que o excesso de responsabilidade (ou de respeitabilidade) roubem o tempo necessário para seus êxtases, improvisos e repousos criativos. Ela deve simplesmente fincar o pé e dizer não à metade do que ela acredita ser seu "dever".[30]

## SAIBA QUANDO E COMO DIZER NÃO

O arquétipo dominante em cada mulher define a suscetibilidade que ela tem determinada. Mulheres cujas deusas dominantes são as orientadas para um relacionamento, como Hera e Deméter, têm dificuldade em dizer não para pessoas que manifestam necessidade de companhia, ajuda e conforto. Mulheres cuja deusa dominante é Afrodite, têm dificuldade em dizer não para um relacionamento eroticamente carregado. Atena não tem dificuldade em dizer não, o que também é um ponto de atenção, visto que, por vezes, pode negar aquilo que intimamente faria sentido para ela.

A sugestão aqui é que sua consciência esteja acima da sua determinação arquetípica, para que você possa fazer escolhas acertadas que não lhe causarão ressentimentos, feridas ou arrependimentos no futuro.

Respeitar o masculino não significa ser submissa, inferior ou dever obediência a ele. Honrar o feminino é forma primordial de respeito ao masculino. Uma mulher honra sua feminilidade quando sabe dizer não para o que ela sente

---

[30] Estés, C. P. *Mulheres que Correm com os Lobos*, Ed. Rocco, 2018.

que não é certo para ela. Ouça seu corpo e seu coração e diga não para tudo que você sentir que não é certo para você. Esteja atenta para não racionalizar seus sentimentos ou deixar-se convencer por argumentos racionais. Seja fiel à mensagem que seu coração passa e não tenha medo de dizer não. Ao fazer isso, não perca o respeito pelas pessoas envolvidas. Decline elegantemente e siga em paz, sabendo que o quanto você se valoriza é diretamente proporcional ao quanto os outros irão valorizá-la.

# MATURAÇÃO DA ENERGIA SEXUAL

Sexo é sagrado, caminho para iluminação e uma das melhores formas de se fazer amor. A liberdade sexual que alcançamos segue destemida para o extremo oposto à opressão, no qual sexo é uma relação mecânica, desprovida de valor, de intimidade e de amor. A revolução sexual, no rumo que segue, presta um desserviço à humanidade comparado ao que a opressão sexual prestou. A banalização do sexo e o seu exercício desassociado de um vínculo amoroso é uma das razões porque hoje temos uma sociedade repleta de homens com sérias dificuldades em amadurecer, e de mulheres que consideram exibir eroticamente seu corpo seminu uma demonstração de poder.

Não se ignora o fato de que é possível obter bastante poder exibindo o corpo eroticamente, nem se pretende afirmar que isso não possa ocorrer de forma alinhada aos valores que o livro trata (antes pelo contrário), a intenção não é oprimir a manifestação espontânea do ser nem a expressão livre do corpo, mas sim apontar para o poder que está além dele.

O objetivo aqui não é cercear a liberdade, mas sim provocar reflexão sobre o que de fato significa estar livre. Caso decida que sexo desvinculado de valor, amor e intimidade lhe agrada e que exibir eroticamente seu corpo a empodera, vá em frente. Você é livre. Só não deixe de refletir até que ponto vai essa liberdade. Uma pessoa é realmente livre quando é escrava dos seus impulsos sexuais? É realmente livre quando equaciona o seu valor aos seus atributos eróticos e sexuais? É realmente livre quando se fere buscando atingir um padrão encenado de beleza ou de performance sexual? Não tem resposta certa ou errada, é apenas uma provocação para que você reflita o que faz sentido para você. Se considera que responder sim às indagações acima é liberdade para você, vá em frente e exerça a sua. Caso contrário, saiba que há outra via.

Sobre a expressão sexual, não só em sua forma física, mas também como significação espiritual, veja o trecho do livro *Illuminata*, por Marianne Williams:

> Se cada homem e mulher vivos pudessem sentir o louco e delirante prazer da alma quando ela toca a alma do outro, este mundo seria um lugar mais feliz. [...] Com cada casal que consegue superar o triste desligamento do sexo que é só sexo e chegar à chama de nossa alma, o mundo chega mais perto do fim do sofrimento.

A energia sexual é expressão da força que movimenta o impulso da vida. Por isso é tão poderosa. É o movimento dessa força que faz as coisas acontecerem. Sexo é uma expressão física, carnal e intimamente compartilhada da força que gera e movimenta a vida. Não é à toa que exerce tanto fascínio e pode ser tão prazeroso e sagrado, se tratado com a reverência que uma expressão da força da vida faz jus.

Diferente do corpo, a energia sexual não envelhece e, se observada a polaridade energética, pode ser mantida no percurso do amadurecimento do casal expressando-se de diferentes formas ao longo da relação. Mesmo não sendo o habitual, todos podemos pensar em um casal que amadureceu junto preservando a química. É interessante observar como isso costuma deixá-los com uma aura jovial, Independentemente da idade que tenham. É a energia sexual que movimenta a vida circulando entre eles.

Guardadas as devidas proporções, essa mesma força pode ser canalizada para tudo que uma pessoa faz. Realizar com apreço e reverência as rotinas e conexões que são parte da vida, honrando os laços e acordos estabelecidos e extraindo prazer do que é cotidiano. Ter reverência pela vida, cultivando tesão pelos rituais da existência, é arte de quem aprendeu a apreciar o lado simples, cotidiano e, ao mesmo tempo, único de tudo, que costuma ser o que traz significado e razão para a vida da pessoa que esse pulso movimenta.

Está nas mãos do feminino o poder de devolver ao sexo o valor que é dele. Para toda mulher que compreende a relevância dessa postura, não substitua intimidade por sexo. Não se entregue para um homem que não a ganhou.

Mais uma vez, por Marianne Williamson, em *Illuminata*: "O sexo deve ser um aprofundamento na comunicação, não um substituto".

É comum ouvirmos mulheres reclamando da falta de vontade de se entregar ao parceiro. De acordo com a perspectiva apresentada aqui, seja qual for o tempo de relacionamento, uma pessoa jamais deveria se forçar a engajar-se em uma relação sexual caso não seja isso que o seu corpo queira. Havendo divergência nesse sentido, Michaela Boehm sugere que o casal separe o toque do ato sexual em si. Assim, eles podem se alongar nessa fase em que sexo é apenas uma possibilidade, sem o compromisso de que o ato aconteça. Com esse parâmetro bem definido, a mulher relaxa para descobrir para qual aspecto daquele homem está disposta a se abrir. Caso seja o homem que esteja desmotivado para a relação, dentro dos mesmos parâmetros, ele pode descobrir qual aspecto daquela mulher deseja tomar.

Quando a exposição à intimidade acontece aos poucos, ela ganha profundidade, intensidade e força. Deixe a energia acumular até que você esteja realmente pronta. Não faça sexo por uma conclusão da cabeça, faça por um desejo do corpo. Entregue-se quando todas as células do seu corpo disserem sim. Nas palavras do filósofo Michel de Montaigne: "A verdadeira liberdade consiste no domínio absoluto de si mesmo".

O feminino não vai atrás do amor, ele se permite ser amado. O masculino conquista o amor para deixar o amor entrar, o feminino tem o amor conquistado para deixar que ele entre. É o balanço perfeito.

É preciso admitir que, até um determinado ponto, homens e mulheres jamais serão iguais. Podemos lidar com as questões que ainda precisam ser endereçadas em relação a equanimidade dos sexos, não tentando ser mais igual ao masculino, e sim assumindo e honrando nossas diferenças. São elas que nos fazem melhor juntos.

No final das contas, mesmo que por vezes de maneira equivocada, tanto homens quanto mulheres estão apenas dando o seu melhor para poderem desfrutar de uma existência mais plena. Só temos a ganhar ao reconhecermos isso e, ao invés de lutar contra os nossos parceiros masculinos, nos associarmos a eles para seguirmos mais fortalecidos, íntimos e unidos rumo à mesma causa.

## GOSTOU?

A essência de tudo o que a palavra feminilidade pode expressar está apenas começando a ser tocada.

Esse tema vai muito além e só pode ser verdadeiramente experimentado no presente que guarda o momento agora.

Para aprofundar-se na vivência de tudo o que o feminino representa, acesse:

comunicaçãodafeminilidade.com.br

@comunicacaodafeminilidade

## ORAÇÃO DE ANCORAGEM DA FEMINILIDADE

Eu me sinto em paz, em profundo contentamento,
com uma certeza de estar sendo guiada e uma
calma segurança de que o céu vai comigo.

Descanso em plenitude, calma e serenidade.
Tenho uma visão clara do meu valor e do poder
e da dimensão da minha feminilidade.

Honro e agradeço meus ancestrais e tenho
consciência de unidade com tudo que há.

Sinto confiança na vida, sei que a fonte
da abundância é infinita e flui para mim
a todo momento.

Meu dia se desdobra com facilidade e sem esforço.
Leveza é o tom.

Sinto o fluxo da vida trabalhando
a meu favor, abrindo os meus caminhos.
Só coisas boas se aderem a mim.

Agradeço pelas bênçãos concedidas,
confio e tenho fé.

Amém

---

Prece elaborada com base nos ensinamentos espirituais de
*Um Curso em Milagres* – UCEM e nas Ordens Sistêmicas
observadas por Bert Hellinger.

# PORTAIS DA FEMINILIDADE
## — SÍNTESE —

Cuide-se, cale-se e não interfira.

**A Hora da Deusa**

Ao final do dia, proporcione-se autoamor e autocuidado. Reserve sua cama para Afrodite. Trabalho, problemas, contas, filhos e obrigações ficam fora da cama. Abra espaço para a mulher poder se expressar.

**Silêncio**

Silencie a fala e a mente. Aprecie, aproveite e use o poder do silêncio. Não fale por falar, fale se realmente tiver algo a dizer. Exercite falar apenas quando falarem com você e ouça com real abertura e dispensando julgamentos.

**Não Interferência**

Relaxe, responda, entregue o controle e siga.

# ABORDAGEM FEMININA DE GESTÃO DE CONFLITOS
## — PASSO A PASSO —

1. Antes de levantar um assunto delicado ou potencialmente conflituoso, **reconheça e se harmonize com a emoção que o tema está lhe causando**. Não busque alimentá-la nem tente deixar de senti-la, apenas a acolha e a aceite como uma amiga que tem uma mensagem importante. Dê nome a ela, investigue de onde vem, como surge, em que lugar do corpo se manifesta, qual sensação gera e o que ela quer lhe dizer. **Esteja atenta para não adotar a posição de vítima.**

2. Procure compreender o lado do outro na questão da melhor forma que você for capaz, **sem que isso signifique menosprezar ou diminuir os seus sentimentos.**

3. Levante o assunto quando sentir que é um momento adequado ou quando tiver a abertura expressa do outro.

4. Introduza começando pelos pontos que compreende no posicionamento dele. Em seguida, **sem tentar se explicar, justificar ou defender,** comunique **com sinceridade como se sente** diante da situação e pergunte como ele pode resolvê-la ou proponha uma alternativa para resolução, perguntando o que ele acha da sua solução, não a impondo, exigindo ou demandando.

Esse modelo pode ser replicado até que se encontre uma solução com a qual ambos possam concordar. O que importa não é que o outro satisfaça suas necessidades da maneira que você acha que ele deva, mas que esteja aberto para que, com amor e compreensão, vocês possam juntos descobrir uma solução com a qual ambos estejam satisfeitos, sentindo-se respeitados e valorizados em sua individualidade e como casal.

# CONSCIÊNCIA COMPORTAMENTAL
## — NOTAS —

Mantenha-se um Passo Atrás na Comunicação
___
___
___

Reconheça o Valor de Seguir
___
___
___

Saiba Quando Pedir Opinião e Quando Pedir Compreensão
___
___
___

Demonstre Concordância e Reserve Discordância
___
___
___

Não Mine a Masculinidade Dele
___
___
___

Seja a Mulher Dele

Deixe-o Resolver os Próprios Problemas

Permita-se Receber e Receba com Gratidão

Dê um Pouco Menos do que Recebeu

Aprecie-o

Preserve sua Individualidade

Saiba Quando e Como Dizer Não